Cultivons la joie

Précédemment publié chez Marabout sous le titre *Les chemins de la joie*.

Isabelle Filliozat

Cultivons la joie

MARABOUT

Sommaire

À Jean Bernard, qui m'a offert les deux plus grandes joies de mon existence, la naissance de ma fille Margot, puis deux ans plus tard celle de mon fils Adrien.

« La tâche à laquelle nous devons nous atteler n'est pas de parvenir à la sécurité. C'est d'arriver à tolérer l'insécurité. »

Erich FROMM

Je suis heureuse. Profondément. Je souris de me sentir si heureuse. Qu'est-ce qui me remplit ainsi de joie ? À première vue, rien de spécial. Je patiente dans la foule devant le tableau des départs à la gare de Lyon. Je pense à ce livre que je suis en train d'écrire sur la joie, et je décide d'explorer cette émotion que j'éprouve sur ce quai de gare. Je commence par prêter attention à mes sensations internes. J'inspire, j'expire. Je perçois la danse de mes cellules, la vibration de mon corps. Je me sens vivre. La joie explose dans mon cœur. Côté définition, le dictionnaire Larousse parle de sentiment de plaisir, d'état de satisfaction. L'internaute.com dit : émotion profonde liée à la satisfaction d'un désir. La joie est-elle un sentiment, un état ou une émotion ? Et si elle est une émotion est-elle vraiment liée à la satisfaction d'un désir ? Nous verrons au chapitre 1 que, décidément, nous ne pouvons pas toujours faire confiance aux dictionnaires pour comprendre notre vie. Ce qui a trait aux émotions semble échapper aux académiciens qui répertorient les mots de notre langue. Dans cet ouvrage, nous nous intéresserons à l'émotion de joie. Une émotion, n'en déplaise aux rédacteurs des dictionnaires qui en sont pour la plupart encore à « état de trouble », est une réaction d'adaptation de notre organisme. La joie est une émotion. Elle fait battre le cœur, nous inonde de chaleur. Envie de chanter, de danser, elle mobilise notre corps et nous rapproche les uns des autres. Nous le sentons tous, la joie, c'est physique ! Je tente ma définition : « Joie = émotion du sens de la vie. » Le mot « sens » évoque tout à la fois signification, direction, sensation. Nous sommes pleins de joie quand nous sommes réunis, quand nous avons notre place parmi les autres, quand nous nous sentons utiles. Les liens qui nous unissent les uns aux autres rendent notre vie signifiante. Nous évoquerons ce sentiment d'appartenance au chapitre 2. Exister, se réaliser. Nous bondissons de joie lorsque nous avançons dans notre vie, lorsque nous réussissons à atteindre nos objectifs, lorsque nos actes sont orientés, lorsque notre vie a une direction. Nous parlerons de cet axe de notre identité et de réalisation personnelle au chapitre 3. Nous éprouvons de la joie lorsque nos capteurs sensoriels nous permettent de percevoir le mouvement de la vie en nous. Ici et maintenant, quand nous nous sentons simplement vivre. Nous le vivrons ensemble au chapitre 4.

Avec cette grille en tête, j'observe de plus près ce qui se passe en moi. Je remonte dans le temps pour identifier les sources de cette joie que j'éprouve sur ce quai. Hier, quelque neuf cents personnes sont venues m'écouter à Lorient et partager un moment d'émotions avec moi. J'ai aimé parler à ce public, entendre leurs questions, y répondre. J'ai aimé me préparer avant de monter sur scène, travailler ma voix, étirer et mobiliser mon corps, m'ancrer, méditer et ouvrir mon cœur. Je me prépare à une conférence un peu comme un athlète se prépare pour une compétition, pour donner le meilleur. Notre culture actuelle nous invite au confort, au non-effort. Certes, les micros d'aujourd'hui ne requièrent plus les exigeants exercices de prononciation d'antan, mais ces exercices me procurent davantage de joie que le confort d'un micro ne pourra m'en apporter. La joie naît de l'effort, du travail presque plus que de la réussite. J'existe, je me réalise. Je mesure le chemin parcouru depuis mes jeunes années où j'étais si timide, mal dans mon corps et souvent mise à l'écart. Se laisser glisser sur la pente de la facilité est confortable, mais la joie naît de l'exposition de soi, de l'exploration, de l'expression… ce préfixe ex-, vers l'extérieur, nous indique la route. Nous explorerons cet axe de l'identité et de la réalisation de soi. Hier soir, j'ai aimé regarder anxieusement la salle se remplir. J'ai aimé le trac éprouvé avant de commencer à parler. De nombreuses croyances nous limitent sur notre chemin, nous incitent à nous cacher, à ne pas oser, nous retiennent de crainte d'échouer. Écouter sa peur ne signifie pas renoncer. J'ai aimé découvrir et rencontrer ce public. J'ai aimé entendre les gens rire, les voir pleurer, laisser mes mots toucher leur cœur. J'ai aimé vibrer avec eux. J'ai été émue par les partages avec mes lecteurs lors des dédicaces. Je me sens à ma place. Toutes ces rencontres ont nourri mon sentiment d'appartenance, dimension essentielle de la joie.

Appartenir, exister, se sentir vivre… Le triptyque de la joie. J'ai donc toutes les raisons de l'éprouver ce matin. Mais, aujourd'hui, la grève des pilotes aurait pu altérer mon humeur. Le SMS m'informant à l'aube de la suppression de mon vol Paris-Marseille avait déclenché en moi une giclée d'hormones de stress. Panique…

Stop ! Mes plans de voyage sont contrariés, dois-je pour autant être contrariée ? Équanimité et détachement sont des clés pour recouvrer notre liberté par rapport aux situations qui se présentent à nous. Je m'assieds pour méditer et retrouver équilibre et sérénité. Je ne vais pas laisser dépendre mon état intérieur des circonstances ! Au chapitre 4, nous découvrirons comment conserver ou recouvrer notre liberté face aux événements. Ce matin-là, je me dis que peut-être cet empêchement a un sens. Il pourrait par exemple me permettre une rencontre que je n'aurais pas faite sinon. Je décide de m'ouvrir à ce qui se passera, d'accueillir le présent tel qu'il est. La méditation me permet de rester ouverte et attentive, plutôt que de m'enfermer dans la frustration et la colère. Je respire. La joie est une condition intérieure. Elle ne naît pas des circonstances heureuses ou malheureuses, mais de notre manière de les vivre.

Une fois retrouvée ma stabilité intérieure, je surfe sur Internet pour trouver une solution. Un premier avion me mène jusqu'à Paris, mais après… Je repère une place dans un TGV, mais pour rejoindre la gare de Lyon depuis Orly, les transports en commun me prendraient un peu plus d'une heure… Trop long. Je découvre qu'un taxi-moto pourrait m'y déposer en une demi-heure. Que faire ? Nous sommes souvent stressés devant un choix, paralysés parfois par un objectif : « prendre la bonne décision ». Nous tournons les avantages et les inconvénients dans notre tête, alors que nous avons un guide : la joie. L'important dans la vie n'est pas le succès ou l'échec, c'est le chemin. La « bonne » décision est forcément celle que nous prenons, puisque c'est la seule que nous expérimentons. Émotion du sens de la vie, la joie est le signal interne qui nous indique la voie. L'écouter nous place sur notre chemin de vie. Nous pouvons lui faire confiance tant pour les grandes directions que pour opérer nos choix au quotidien. J'ai donc pratiqué le petit exercice utilisant la joie pour prendre des décisions que je vous propose au chapitre portant sur notre direction de vie. Je me suis projetée mentalement dans chaque option. L'avion ? Je me vois à Orly attendant un hypothétique avion dans la tension de la foule des voyageurs mécontents et anxieux à l'idée de ne pas pouvoir rejoindre leur destination. Le train ? Un intense sentiment de liberté me saisit. C'est donc pour le train que j'opte, avec le taxi-moto. Je ne saurai jamais si le vol de 15 h 40 a été maintenu ou non et si j'aurais pu économiser cent trente euros, mais j'ai économisé mon énergie. Au lieu d'accumuler de la rancœur en restant dans la dépendance des annonces d'Air France, j'ai fait une nouvelle expérience, la moto qui glisse à travers les embouteillages. Le besoin d'exploration est inscrit dans les gènes de l'humanité. Toute soumission déclenche une sécrétion d'adrénaline et de cortisol, élève notre rythme cardiaque. Tandis que la liberté augmente le niveau de dopamine dans nos circuits. Parfois, le sac à dos que nous portons est un peu lourd et nous freine dans nos élans. Chaque vécu du passé peut devenir une ressource une fois le travail de guérison accompli. Nous explorerons cette incidence de notre histoire sur le présent.

J'ai tout cela en moi sur ce quai de gare. De plus, mon ventre est paisible. Ce matin, j'ai fourni à mon corps le carburant nécessaire pour me sentir alerte et tonique, de bonnes graisses oméga 3, des hydrates de carbone complexes et des protéines. Je réalise que ce ne serait pas le cas si je m'étais laissé piéger par le buffet opulent du petit déjeuner de l'hôtel, spectaculaire, mais offrant une grande variété de nourritures plus industrielles les unes que les autres. Depuis mes découvertes en nutrition relatées dans mon livre *Bien dans sa cuisine*[1], je suis attentive à ce que je mange. J'avais donc emporté de quoi me sustenter pour conserver un cerveau au top. Au chapitre 5, nous rencontrerons ces messagères de la joie que sont nos hormones et quelle nourriture les dynamise.

Je rejoins ma place dans le train, j'ouvre mon ordinateur et j'écris pour conserver la mémoire de cet instant de joie. Quand j'interromps mon écriture pour faire un tour à la voiture-bar, je découvre non loin un homme endormi qu'il me semble reconnaître... Mais oui, c'est lui ! J'avais évoqué le matin même l'hypothèse d'une rencontre, mais j'avais du mal à en croire mes yeux. J'avais un dossier complexe en cours, et cet homme en était la clé ! Par quel miracle nous trouvions-nous dans le même train, dans la même voiture et à deux sièges de distance ? J'ai guetté son réveil et nous avons pu discuter et résoudre ce qui aurait pu devenir un problème. La joie est vibration, elle favorise les synchronicités dans la grande symphonie de la vie. Nous vivons dans un monde vibratoire et connecté.

La joie est perçue comme naturelle chez les enfants et presque suspecte chez un adulte ! Aidons-les à ne pas perdre cette

1. Éd. Lattès, paru en poche chez Marabout sous le titre *Un zeste de conscience dans la cuisine*.

fabuleuse capacité d'émerveillement, cette passion d'explorer et apprendre. Aidons-les à ne pas perdre ces élans câlins sans inhibition. Écoutons et regardons-les chanter, courir, jouer, danser, bouger. Plutôt que de poser des limites à nos enfants et de freiner leur joie de vivre, aidons-les à dépasser leurs limites, à canaliser leurs impulsions vers des projets, à développer leur empathie, à prendre des risques et à se réaliser. Au chapitre 6, nous mettrons en évidence les briques de fondation d'un cadre permettant à nos enfants de se développer et d'apprendre dans la joie. Avant de conclure ce voyage sur ce que nous savons déjà : la joie, c'est bon !

1.

Qu'est-ce que la joie ?

Si nous l'éprouvons plus ou moins fréquemment, nous connaissons tous la joie. Savons-nous la faire surgir ? La retrouver quand elle s'efface ? Elle peut se trouver face au sourire d'un être aimé, en écoutant une musique, en gagnant une course ou en regardant le ciel. Est-elle d'ailleurs à rencontrer à l'extérieur ou à éveiller en soi ? Elle surgit parfois sans qu'on s'y attende, comment alors la conserver ? Mais faut-il tenter de la conserver ? L'eau dans la rivière est-elle la même à chaque gobelet puisé ? La joie est parfois un torrent, parfois un filet ruisselant, parfois une cataracte, parfois un geyser, parfois un lac tranquille. Elle prend des formes multiples, elle est pourtant toujours la même. Sensation d'allégresse, légèreté, plénitude, chaleur dans le haut du corps, expansion ! Elle donne envie de sauter, danser, rire, s'embrasser les uns les autres.

Pêle-mêle, la joie nous étreint quand on rencontre quelqu'un qu'on aime, quand on rit avec ses enfants, quand on danse, quand on écoute ou quand on joue de la musique, quand on chante, quand on joue au foot, quand on peint ou quand on reçoit une lettre d'une personne chérie, quand on se dépasse, quand on signe un contrat inespéré, quand on gagne et parfois simplement en regardant les étoiles ou la mer étale. On peut éprouver de grandes joies en solitaire ou en groupe, en mouvement ou immobile. Ce qui nous procure de la joie semble si varié, comment s'y retrouver ? Ce qui est commun à ces situations, c'est la sensation de la vie qui coule dans nos veines. Une femme atteinte du sida m'a un jour confié : « Je n'ai jamais eu si mal, je n'ai jamais tant souffert. Et pourtant, je n'ai jamais éprouvé autant de joie. Parce que je me sens vivre. Avant, je ne vivais pas. Je me soûlais de sensations extérieures. » Jamais personne n'aurait imaginé qu'une femme si épanouie, active, semblant si pleine de vie pouvait ne pas se sentir vivre. Elle avait beau travailler beaucoup et engranger succès sur succès, sortir énormément et avoir une réputation de fille qui sait s'amuser, être entourée d'amis, de relations, faire la fête... Elle se sentait morte à l'intérieur. Elle vivait une vie de plaisirs, mais la joie était absente de son cœur. Il a fallu qu'elle approche de la mort pour se donner le droit de tomber le masque de la « fille géniale » et d'être enfin elle-même. En thérapie, Marion a découvert que la super nana qu'elle croyait être n'était qu'une construction. Elle s'était crue rebelle et libre, elle se découvrait sans consistance intérieure et prisonnière d'une image. Elle aurait certifié à tous autour d'elle qu'elle était heureuse. Elle aurait d'ailleurs eu mauvaise grâce à dire le contraire, tant elle « avait tout pour être heureuse ». Avant sa maladie, elle ne se posait pas de question, elle vivait sa vie avec le plus de plaisir possible. Elle ne savait pas que ce qu'elle ressentait n'était pas de la véritable joie. Difficile d'identifier quelque chose qu'on n'a jamais goûté. Elle s'était tant coulée dans le moule attendu par les autres qu'elle ne se rendait pas compte qu'elle n'était pas elle-même. L'admiration de son entourage la confirmait dans cette identité factice. Quel indice aurait-elle pu avoir ? Cela faisait belle lurette qu'elle ne sentait plus rien à l'intérieur. Elle riait beaucoup, mais ne pleurait jamais. Trop systématiquement joyeuse en apparence, elle cachait comme les clowns tristes un fond de solitude. Marion nous donne une première clé : la joie ne réside pas dans l'accumulation des succès et des plaisirs. Et l'absence de vraie et profonde joie nous informe d'un manque, nous dit que nous ne sommes pas complet, pas sur notre chemin de vie. La joie, ce n'est pas bien compliqué, c'est quand on est soi-même, sans masque ni carapace ! Et c'est là que ça se complique, puisque la plupart d'entre nous avons laissé cette spontanéité loin derrière nous dans notre enfance. Il nous faut donc reconstruire pas à pas ce sentiment d'être soi, déconstruire, creuser… C'est pour cela que les personnes atteintes de maladies graves, traversant des échecs professionnels ou affectifs qui bouleversent leur vie, une fois le choc passé, peuvent dire éprouver plus de joie que jamais. Les épreuves nous obligent à casser nos croyances, à tomber la cuirasse. Elles exposent nos émotions. Cris, pleurs, le voile se déchire et nous apparaissons. Exsangues, mais intérieurement vivants !

La joie surgit du contact avec soi-même. Mais depuis tout petit, on nous dit qu'il faut retenir le flux de nos émotions, cesser de pleurer, même quand maman est partie, ne pas être en colère, même si on nous pique nos jouets, ne pas avoir peur, même si le chien aboie très fort… Bref, on ne doit pas ressentir ce qu'on ressent. Quand on se sent tout de même triste, furieux ou plein de crainte, on peut alors se croire intrinsèquement mauvais et préférer le cacher. On place sur son visage un masque, celui que nos parents renforcent, celui que nous pensons nécessaire pour faire partie du groupe, pour éviter d'être rejeté. Nous rigidifions notre corps en retenant notre respiration. Nous devenons « comme il faut », nous éloignant autant de notre être véritable et donc de notre joie.

Doit-on attendre d'être gravement malade ou de subir un lourd revers de la vie pour avoir le droit à la joie d'être soi ? Nous n'avons qu'une vie. Elle nous appartient. Les personnes qui ont frôlé la mort savent trier l'essentiel du superficiel et le plus souvent réorganisent leurs priorités. Au top de la hiérarchie ? L'amour et la liberté.

Homéodynamique

Dans mon tout premier livre, *Le Corps messager*[1], je présentais le concept d'homéodynamique pour rendre compte de ces deux dimensions complémentaires et indissociables de la connexion/amour et de l'exploration/liberté. J'ai construit le mot en associant les termes grecs homiois, similaire, et dunamis, puissance, force, dunamai, pouvoir. Tout en conservant son identité, en restant le même (homéo), l'homme évolue, cherche à aller toujours plus loin (dynamique). Le modèle le plus répandu à l'époque pour comprendre les motivations

---

2. Filliozat, Isabelle, Roubeix, Hélène, *Le Corps messager, Une analyse du processus de la maladie dans une perspective transactionnaliste*, La Méridienne, 1988, réédité par DDB en 2016.

humaines était celui de l'homéostasie et de la réduction de tension. L'homéostasie, définie par Claude Bernard, consiste pour un organisme à conserver son équilibre en dépit des contraintes extérieures. Le modèle freudien[1] de la motivation s'appuie sur l'homéostasie. Pour Freud, l'état idéal du psychisme est l'absence de toute stimulation. Nos comportements auraient pour but la réduction de toute tension psychique, la décharge pour revenir à l'équilibre. Si le principe d'homéostasie semble décrire correctement certains de nos fonctionnements biologiques, c'est moins évident question psychologie. Même si je ne disposais pas encore à l'époque de tout ce que nous savons aujourd'hui sur Sigmund Freud et la manière dont il a élaboré ses théories, cette affirmation du fondateur de la psychanalyse ne me semblait pas refléter la réalité. Il me paraissait que l'humain et la vie en général ne se contentent pas de chercher à revenir à l'équilibre ou à maintenir le *statu quo*, mais recherchent la tension, l'excitation, les stimuli. En fait, c'est le déséquilibre même qui est source de progrès, de croissance, d'évolution, donc de joie. Cette émotion me paraissait digne d'être écoutée. La réduction des tensions peut apporter du plaisir, elle n'est pas source de joie. Cette dernière semble au contraire associée à l'exercice, à l'exploration, à l'action tendue vers un objectif, à l'accomplissement au-delà de soi.

La vie est mouvement. Du bébé qui explore son environnement à l'athlète qui tente sans relâche de se dépasser, en

3. Nuttin, Joseph, « Problèmes de psychologie de la motivation humaine », *Revue philosophique de Louvain*, Année 1961, Vol. 59, n° 62, pp. 348-370.

passant par l'ado qui expérimente toutes sortes de produits interdits, l'humain cherche à aller toujours plus haut, toujours plus loin vers de nouvelles expériences. C'est la dimension dynamique, l'aspiration au progrès, à la croissance, à la création, celle qui donne une direction à notre vie. L'intelligence du vivant, celle qui nous anime tous, nous pousse non seulement à nous adapter au mieux, mais à croître, à tenter de nouveaux records, à explorer des contrées inconnues. L'exploration est une impulsion du vivant.

Dans un livre d'Antonio Damasio[1], j'ai eu la surprise de lire que ce concept d'homéodynamique avait été avancé en 2001 par les chercheurs David Lloyd, Miguel A. Aon, et Sonia Cortassa[2]. Je ne pense évidemment pas qu'ils aient lu mon livre paru en 1988, non traduit en anglais, mais j'y ai retrouvé mes intuitions exposées scientifiquement. Ils affirment : « L'homéostasie est vue comme un principe universel, toutefois, il devient de plus en plus évident que maintenir le statu quo ne peut expliquer la complexité biologique et la longue séquence de changements progressifs guidés par l'évolution qui ont mené au développement de cette complexité si organisée. » Dans leur article *Why Homeodynamics, not Homeostasis ?*, ils soulignent combien l'homéostasie est l'exception plutôt que la règle dans les systèmes biologiques.

4. Damasio, Antonio R., *Spinoza avait raison. Joie et tristesse, le cerveau des émotions*, éd. Odile Jacob.
5. Lloyd, Aon, Cortassa, « Why Homeodynamics, not Homeostasis ? » *ScientificWorldJournal*, 2001 Apr 4; 1 : 133-45.

Mon hypothèse est que l'émotion de joie est au service du sens de la vie et de notre sentiment d'identité. Elle nous permet de répondre à ces questions lancinantes « Qui suis-je ? », « Où vais-je ? », « D'où viens-je ? » et aussi « Où suis-je ? Quelle est ma place ? ». Quand nous éprouvons de la joie, nous n'avons plus de doute, « Je suis ! », et notre vie prend sens.

Est-ce un hasard si le mot « sens » unit les trois dimensions sources de joie dans ses trois définitions : signification, direction et sensation ?

« Depuis le départ de mes enfants, ma vie n'a plus de sens. » Quand Daphné pleure ainsi, elle veut dire que sa vie n'a plus de signification. Signifier, faire signe à quelqu'un. Le plan horizontal, homéo, est celui de la connexion, du lien social, de notre place dans le groupe, du sentiment d'utilité et d'appartenance, il donne sa signification à notre existence.

L'axe vertical, dynamique, est celui de l'aspiration à la réalisation de soi, il est orienté du passé (d'où je viens, mes racines, mes ressources) vers le futur (où vais-je, mes valeurs, mes buts). Il est au service de la croissance et de la création. Bouger, c'est vivre. Vivre, c'est bouger. Courir, mobiliser son corps, sauter, danser… S'exprimer. Sur cet axe nous déployons notre côté novateur, créateur, explorateur. C'est aussi l'axe de notre pouvoir personnel : « Je peux. » Il donne à notre vie sa direction.

À l'intersection, il n'y a que sensation. Intersection des plans homéo et dynamique, nous sommes ICI. Entre le passé et le futur, nous sommes MAINTENANT. Dans l'ici et maintenant, la joie jaillit du simple fait de se sentir vivre. Regarder les étoiles ou un coucher de soleil, humer le parfum d'une rose ou d'une pinède, ces sensations nous mettent en contact avec plus grand que nous, nous nous sentons connectés à l'univers. Nous percevons en nous la vibration de la vie. Cette onde de vie vient du passé. Elle porte notre histoire personnelle, l'histoire de notre famille, de notre tribu, de l'humanité et de l'univers. Tout cela est vivant en nous. Cette onde nous traverse, elle avance vers le futur, dessine l'avenir, notre avenir personnel et collectif.

La joie est une émotion

Y a-t-il une recette ? Des conditions sont-elles nécessaires ou utiles ? La joie est-elle d'origine génétique, hormonale, électrique, adaptative, émotionnelle et affective, intellectuelle, nutritionnelle, esthétique, spirituelle, sensorielle… ? Un peu de tout cela !

La joie est une émotion, c'est-à-dire une réaction spécifique de l'organisme face à une nécessité d'adaptation. Si on comprend aisément que la peur nous aide à nous prémunir du danger ou que la colère défend nos droits et notre intégrité, il est plus complexe d'identifier l'utilité de la joie. Elle est juste géniale à vivre, nous pensons souvent qu'elle n'a pas besoin de servir à quelque chose. Certains disent que la nature se fiche que nous ayons du plaisir et de la joie de vivre ou non… Pas si sûr. La nature est économe. Elle ne nous a pas dotés par hasard de l'émotion de joie. Si l'évolution l'a favorisée, c'est qu'elle est utile ! Dans une étude publiée en 2010, le docteur Gert-Jan Pepping[1] et ses collègues chercheurs ont étudié l'impact de l'expression de la joie des joueurs de foot sur les performances des membres de l'équipe lors de la Coupe du monde et du Championnat d'Europe. Résultats : lorsqu'un tireur levait ses bras en l'air pour célébrer un but, ses coéquipiers avaient davantage de chance de marquer ensuite que lorsqu'aucun geste exubérant ne suivait le but ! À condition de célébrer, plus on gagne, plus on gagne ! La joie renforce le désir de se dépasser. Contagieuse, elle nourrit la motivation, affûte les perceptions, mobilise les muscles pour l'action et améliore le jeu. La joie est l'émotion de l'apprentissage. Elle nous pousse à explorer, à expérimenter et nous récompense lorsque nous réussissons. C'est aussi l'émotion du groupe, de la communion, des rencontres et des rituels. La joie est l'émotion qui nous dit que nous sommes sur notre route et à notre place.

Expression

Comme toute émotion, elle est un phénomène affectif, hormonal et électrique qui se déroule en trois phases : charge, tension, expression ou décharge. La charge est le moment où l'organisme se prépare, mobilise son énergie pour réagir. La tension suit, tout est prêt, mais l'action n'est pas encore déclenchée. Le cœur est gros (au sens figuré), il va éclater, mais il n'a pas encore éclaté (toujours au sens figuré). Et la

6. Gert-Jan Pepping est chercheur au Centre du mouvement humain à l'université de Groningen aux Pays-Bas.

décharge, c'est l'expression, le passage à l'action, rire, cris, danse, sauts… Nous sommes désormais habitués à voir exploser la joie des athlètes sur les stades. La première fois que la télévision a relayé des explosions de joie, la quasi-totalité des Français était devant son poste (oui, même moi). C'était le 12 juillet 1998. Devant des millions de téléspectateurs, l'équipe de France bat le Brésil 3-0. Les Bleus sont sacrés champions du monde. La Coupe du monde de football est en France. Les joueurs exultent sur la pelouse, sautent les uns sur les autres, s'embrassent, se tapent dans le dos, s'enlacent. Après le match, la foule descend dans la rue. Tout le monde crie, chante, monte sur les statues et tourne autour des lampadaires, saute, danse, s'enlace, s'embrasse ! Une joie retransmise par les télévisions du monde entier. Je me souviens dans les jours qui ont suivi de quelques remarques choquées : « Oh ces hommes qui se prennent dans les bras, c'est dégoûtant. Sauter, gesticuler, c'est ridicule. Je ne comprends pas qu'on montre ça à l'écran ! » Pourtant, suite à cette fête dans tout le pays, le moral des Français a été relevé pour plusieurs mois. Partage, fusion, exaltation… La joie vécue ensemble rapproche, soude les liens. Toutes les émotions sont contagieuses. Voir les gens sauter en l'air, s'embrasser, se sauter dans les bras, tout cela nous transporte. Nos neurones miroirs s'embrasent. La joie des uns stimule celle des autres. Nos muscles ont envie de bouger, sourire, rire, nos yeux pétillent. Nous sommes heureux. Nous pouvons n'avoir rien fait, pas même regardé le match, être en présence d'une personne qui exprime sa joie éveille en nous les mêmes circuits neuronaux.

Cette année-là, les footballeurs n'ont pas seulement gagné la Coupe du monde, ils ont inauguré une nouvelle ère. On avait enfin le droit d'exprimer et de montrer bruyamment sa joie à la télévision, donc en société. Depuis, les émissions où performeurs de tous poils, danseurs, acrobates, magiciens, chanteurs, exultent et s'embrassent sur scène sont légion. Ce temps de joie est aussi important que les moments où ils font leur numéro. Les performeurs osent, vivent l'aventure à fond. Ils gagnent le droit de passer à l'étape suivante ? C'est l'effusion, certains pleurent, d'autres dansent et sautent en l'air.

Danser et sauter de joie

Quand nous sentons notre cœur bondir dans la cage thoracique, nous avons envie de bouger, courir, sauter et danser. Difficile de ne pas sourire en regardant un danseur de claquettes, lui-même sourit ! La danse est une des expressions naturelles et spontanées de la joie chez les humains. Dans la danse se conjuguent le mouvement, le rythme, la musique, le contact physique, et la synchronisation avec le partenaire. Chacun de ces éléments procurant par lui-même de la joie. Exultation de la danse !

Même les aveugles sautent en l'air menton vers le haut, bras ouverts vers le ciel quand ils sont joyeux[1]. Des études[2] ont montré que rester ainsi en posture ouverte les bras en l'air

1. Power Posing – Brief Nonverbal Displays Affect Neuroendocrine Levels and Risk Tolerance – Dana R. Carney, Amy J.C. Cuddy et Andy J. Yap.
2. Expérience et *talk* d'Amy Cuddy.

deux minutes en levant le menton suffit pour augmenter votre sécrétion de testostérone de 20 % et faire descendre de 10 % le cortisol, hormone du stress. Ce cocktail libère confiance et sentiment d'avoir du pouvoir ! *A contrario*, si vous baissez les bras et la tête, votre cortisol monte de 15 % tandis que votre testostérone baisse de 15 %. L'influence corps-esprit se produit dans les deux sens. Nos pensées, croyances et émotions peuvent avoir une incidence sur notre corps. L'inverse est aussi vrai. Nos mouvements modifient nos pensées et dessinent nos sentiments. Baisser les épaules et toucher sa nuque comme pour se protéger induit des sentiments de doute et d'impuissance. Tandis que lever les bras au ciel, ouvrir les jambes voire poser ses pieds sur la table basse ou marcher avec assurance dope les sentiments de pouvoir et d'aisance. Nous manquons de confiance ? Pourquoi ne pas faire semblant jusqu'à ce que nous ayons téléchargé dans le disque dur de notre cerveau le logiciel confiance ? Nous comporter différemment va peu à peu induire des réflexes différents, une image de nous-mêmes renouvelée, des émotions et des pensées neuves.

Une fascinante étude a été menée en 2015 par Michalak[1] et son équipe. On y demandait aux participants de marcher sur un podium après avoir regardé une liste de mots. Leur pas était mesuré et transformé en graphe sur un moniteur. Sur l'écran, les participants voyaient une barre réagir à leurs

1. Michalak J., Rohde K., Troje N.F., *How We Walk Affects What We Remember: Gait Modifications Through Biofeedback Change Negative Affective Memory Bias*, J Behav Ther Exp Psychiatry, 2015 Mar; http://www.ncbi.nlm. nih.gov/pubmed/25310681

mouvements. Leur tâche était de tenter de diriger cette barre dans un sens ou dans un autre en changeant leur style de marche. Sans qu'ils le sachent, un pas gai et léger faisait bouger la barre dans une direction, tandis qu'avancer plus lourdement dirigeait la barre dans l'autre sens. Sans le vouloir, les participants se sont donc trouvés à adopter un style sautillant ou pesant. On leur a ensuite demandé de se souvenir d'autant de mots qu'ils le pouvaient[1]. Résultats ? Ceux ayant marché sur un rythme enjoué se souvenaient de davantage de mots positifs. Tandis que les autres retrouvaient plus de mots négatifs. Nous avons tendance à trier dans l'environnement ce qui est congruent avec notre état interne. Quand nous sommes joyeux, nous prêtons davantage attention à ce qui est agréable, sympathique et positif !

Inutile donc d'attendre un événement extérieur pour accéder à la joie et à la bonne humeur, il suffit de se comporter comme se comporte une personne joyeuse ! Posture et allure, les épaules en arrière, poitrine ouverte, menton haut, sourire, genoux souples, bassin mobile, nos bras balancent en rythme, il y a du swing dans l'air. « Le monde est à moi ! »

Des larmes de joie

— Je ne comprends pas pourquoi je pleure, je ne suis pourtant pas triste ! sanglote Fatiah les bras autour de sa fille qui vient de sortir de scène après une brillante prestation.

---

1. Cette technique de rappel de mots positifs ou négatifs a été validée dans d'autres études comme reflétant suffisamment fidèlement le degré de joie d'une personne.

— C'est peut-être parce que ta fille s'éloigne de toi, lui souffle son amie Affidah.

Fatiah serait presque prête à adhérer à l'interprétation d'Affidah, tant il lui est évident que les pleurs sont une marque de tristesse. Elle cherche à donner du sens à ses larmes. Quand on est triste, on pleure, donc quand on pleure on est triste. Mais non. On peut pleurer de rage, d'amour, de douleur, de terreur et de joie ! Fatiah était simplement emplie de fierté et d'amour pour sa fille.

Lorsque des larmes sont dues à une irritation de l'œil, c'est le système parasympathique qui, activant un nerf crânien, suscite la contraction des glandes lacrymales. En revanche, lorsqu'il s'agit de larmes émotionnelles, le système sympathique est également concerné. Le système nerveux végétatif intervient dans son entier, sans que l'on sache encore exactement ce qui fait quoi. Nos glandes lacrymales produisent trois types de larmes : les larmes basales, qui protègent les yeux par ce film lacrymal entretenu en permanence ; les larmes réflexes déclenchées par un oignon ou par une poussière pour nettoyer les yeux ; et les larmes émotionnelles. Film lacrymal et larmes réflexes sont de l'eau avec quelques ions. Dans les larmes émotionnelles, on trouve des enzymes, des protéines, des hormones de stress. Les larmes évacuent une grande partie du cortisol, lequel sinon resterait dans l'organisme, mais aussi de la prolactine (hormone de la lactation, de la libido, du plaisir, de l'orgasme), des endorphines et enképhalines (qui calment la douleur). Les larmes émotionnelles contiennent aussi davantage de manganèse, oligo-élément impliqué dans la régulation de l'humeur.

Que la science le confirme ou non, nous le savons tous parce que nous l'avons vécu, les larmes, ça fait du bien. « Douces ou amères, les larmes soulagent toujours », disait Alfred de Musset[1]. Dans *Vice Versa*, le merveilleux film d'animation de Pixar, Tristesse s'assied près de Bing Bong, dépressif, et lui manifeste son empathie : « C'est triste ! » Elle l'aide à pleurer, lui permettant de relâcher ainsi ses tensions. Bing Bong se sent tellement mieux après ! Les larmes ne sont pas que douleur, elles sont l'indice d'un lien profond avec soi-même, elles jaillissent au contact de l'intime en soi. Bing Bong, en pleurant, se réconcilie avec lui-même et avec son passé. Il est prêt à faire face au présent et à aider Joie à revenir au contrôle.

Nous pouvons pleurer devant une œuvre d'art, sans trop savoir pourquoi. Être en présence de cette œuvre nous touche, c'est tout. Une splendide musique ou une belle voix nous tirent des larmes qui n'ont rien de malheureux ou désespéré. Elles sont le témoin de ce que les sons émis ne sollicitent pas seulement nos oreilles, mais notre cœur. Les films qui nous font pleurer ne sont pas forcément tristes. Parfois, c'est au moment où le papa retrouve son fils, où l'intrigue se dénoue, que nos larmes coulent. Elles disent le soulagement.

Hélas, nos larmes ont mauvaise presse et nombre de gens les craignent, soit qu'ils ne sachent pas comment se comporter

1. *Un caprice*, 1837.

face à elles, soit qu'ils craignent qu'elles ne se tarissent jamais. C'est pour ces raisons que le fils de Janine a rangé les albums photo et lui a interdit de se repasser ses vieux disques. La vieille dame pleurait en les écoutant. « Tu te fais du mal », disait Julien. Le fils est jeune, il ne sait pas ce qu'est la vieillesse et cela lui fait peur. Ça nous fait peur à tous. Du coup, nous tentons de faire comme si on pouvait effacer les choses : « Allez, secoue-toi, ça va passer. » Mais il y a des âges auxquels on ne peut plus se secouer, on n'en a plus la force. On sait qu'il n'y a plus guère de futur. Il reste le présent… et le passé. Pourquoi ne pas permettre à Janine de se replonger dans les moments heureux ? La nostalgie n'est pas détresse. Elle nous nourrit, nous enrichit, nous comble de joie. Feuilleter les vieux albums photo témoins de nos temps heureux, écouter les mélodies qui ont marqué l'époque de notre jeunesse, ça fait du bien. Ça nous rend le sourire intérieur. Écoutons Tibor, quatre-vingt-six ans : « Je n'ai plus envie de rencontrer de nouvelles personnes, je suis heureux en triant mes photos. Je les scanne sur mon ordinateur, je les regarde, je revis tous ces moments importants, les sourires de mes enfants. J'ai tant de belles images dans ma vie. Je me sens riche de tout ce que j'ai vécu.

Sur le moment, j'avoue que je n'ai pas toujours pris le temps de sentir.

Aujourd'hui, en regardant les photos, je revis ces instants et je me remplis de bonheur. Mes émotions sont plus intenses qu'à l'époque. Ces photos de famille, de mes enfants, des gens que j'aime, sont une telle source de joie. »

Tibor aime pleurer en feuilletant ses albums. Il se sent vivant quand il pleure. Il ne fait pas que pleurer, bien sûr, il sourit, et parfois il rit en se souvenant.

Rire aux larmes

Preuve s'il en est que les larmes sont loin d'être toujours tristes, on peut même rire aux larmes ! Les anthropologues nous disent que nos ancêtres riaient avant de savoir parler. C'est une onde qui parcourt tous les muscles de notre corps. À l'inspiration, le diaphragme ouvre la cage thoracique pour une ventilation maximale. Puis il se relâche par petites secousses, laissant ressortir l'air en l'air en saccades. Le rire est un véritable massage du ventre. Le fin hi, hi, hi, le rire franc HA, HA, HA ou le rire plus gras HO, HO, HO sont produits par nos cordes vocales. Les épaules entrent dans le jeu, les mains s'ouvrent, les larmes perlent, les jambes se décontractent. Les sphincters se relâchent et il arrive qu'on mouille la culotte[1]. On dit que trois minutes de rire vont nous faire brûler autant de calories que dix minutes d'aérobic ! Norman Cousins[2] s'est soigné et guéri d'une spondylarthrite ankylosante grâce à des films comiques. Des chercheurs de l'University of Maryland School of Medicine de Baltimore ont comparé les effets des films drôles et des

---

1. Le rire au service de la médecine.
http://tpedurire. weebly.com/ii-les-mecanismes-du-rire.html

2. Norman Cousins, La Volonté de guérir et Comment je me suis soigné par le rire.

films stressants sur nos organismes. Résultat, regarder un policier ou un film d'horreur ralentit votre circulation sanguine de 35 %, tandis qu'un bon comique l'augmente de 22 %. Robin Williams a fait connaître au grand public le travail du Dr Hunter Adams dit Patch Adams, dans le film *Docteur Patch*. Patch Adams est médecin et artiste de cirque, clown professionnel, artiste et auteur. Il a fondé une clinique au sein de laquelle amour, compassion et rire sont des soins aussi importants sinon plus que les soins médicaux. Dans les services pédiatriques des hôpitaux, il n'est pas rare de nos jours de rencontrer des clowns. Ces derniers introduisent l'humour et le jeu, dédramatisent, apportent de la lumière, de la légèreté et du rire aux enfants comme aux adultes. Non seulement ils aident les malades à supporter l'hospitalisation, mais, leur apportant de la joie, ils stimulent la santé en eux.

Rire assure aussi notre santé psychique. Le rire et la joie augmentent les performances au travail. Les psychologues[1] ont filmé des dizaines de réunions en entreprise impliquant 350 employés. Ils ont dénombré les blagues et bons mots déclenchant des rires et ont montré qu'ils étaient statistiquement suivis de comportements de résolution de problème, de suggestions de procédures, d'orientation vers des objectifs et d'encouragement entre eux des salariés. Le rire augmente les performances et se comporte comme un ciment social.

Et c'est contagieux ! Le petit film viral *Merci !* de Christine Rabette[2] sur YouTube en est un bel exemple. Dans le métro,

1. *Cerveau&Psycho*, n° 70, juillet-août 2001.
2. https://youtube.com/watch?v=YdQnuqF1D7U

un homme se met à rire… Peu à peu tout le wagon est hilare. Régulièrement la télé nous passe des bêtisiers, des fous rires des présentateurs et ça nous plaît, parce que ça réveille notre propre joie. La joie fait rire et rire nous fait nous sentir joyeux. Alors pour être joyeux, ne suffit-il pas de rire ? A-t-on besoin de circonstances spéciales ? Madan Kataria[1] répond non. Il a créé en 1995 à Bombay le premier « club de rire » au sein duquel se pratique le yoga du rire. Les clubs de rire et autres écoles du rire[2] se sont depuis multipliés dans le monde entier et enseignent toutes sortes d'exercices pour apprendre à rire sans raison.

Du plaisir à la joie

Plaisir sexuel, plaisir gustatif, plaisir de regarder un film, plaisir de plaire… le plaisir évoque des sensations. Il est momentané et ne nous change pas. La joie, elle, nous donne le sentiment d'être transformé, enrichi, grandi. Elle engendre un sentiment d'expansion de soi. Ce n'est pas le refuge dans nos routines sécurisantes qui nous l'apportera. Pour rencontrer la joie, il nous faut sortir de nous-mêmes, de notre zone de confort, oser, bouger, s'exprimer. Assister à un spectacle ou un concert peut aussi parfois nous transporter, le ou les artistes ayant le talent de nous tirer hors de nos préoccupations personnelles et de nous convier dans

---

1. Madan Kataria, *Rire sans raison*.
2. Corinne Cosseron, *Remettre du rire dans sa vie*, éd. Robert Laffont, 2014. Corinne Cosseron et Linda Leclerc, *Le Yoga du rire : Hasya yoga et clubs de rire du Dr Madan Kataria*, Guy Trédaniel éditeur, 2014.

un monde de beauté. La joie est au-delà du plaisir. La joie est plus qu'une ou des sensations, c'est une émotion. Une émotion qui peut toutefois surgir quand nous portons notre pleine attention au plaisir que nous éprouvons. Je vous invite à en faire l'expérience avant d'aller plus loin dans ce livre. Si l'expérience physique vous apporte davantage de plaisir et de joie, vous pouvez aussi l'imaginer, tant le pouvoir de la pensée est grand.

L'expérience

Matériel: Deux carrés de chocolat bio et éthique, 70 à 80 % de cacao (si je n'aime pas le chocolat, je choisis autre chose). Pourquoi bio et éthique? Je vais vite le découvrir.

Expérimenter le plaisir :

Je laisse fondre en bouche le carré de chocolat, je prends le temps d'en percevoir la texture, le goût… C'est du plaisir.

Expérimenter la joie :

Tout d'abord, si je n'ai jamais vu de fève de cacao, je tape plantation de cacao sur mon navigateur, je choisis «images». Et je découvre des photos de cabosses de cacao, des fèves, des cultivateurs. Pour affiner, je tape maintenant fève de cacao.

Maintenant que je suis familiarisée avec le produit que la nature a créé, je passe à la préparation humaine, je tape «torréfaction cacao», toujours dans les images. Puis «conchage». C'est une opération qui n'existe plus dans le chocolat industriel, mais qui fait toute l'onctuosité du chocolat authentique.

Je suis prêt(e) ; Je place le second carré de chocolat dans ma bouche, et en le laissant fondre sur la langue, en sus d'en percevoir goût et texture, j'imagine le cacaoyer, la plantation, je sens le soleil et la pluie, l'attention avec laquelle le cultivateur a soigné son cacao. Une fois récolté, le cacao a été mis à fermenter, puis à sécher au soleil. Transporté jusqu'en Europe, il a été torréfié (à moins que je ne l'aie choisi cru), concassé, écrasé au moulin de pierre. Le beurre du cacao fondant sous la chaleur fait une pâte, laquelle est pétrie, conchée, tablée, moulée, empaquetée, et arrivée en tablette dans la boutique où je l'ai acheté. Je me sens relié(e) aux personnes qui ont participé à la création de ce chocolat, au soleil et à la terre, au vent et à la pluie, à l'univers. Je respire avec le soleil qui caresse la cabosse. Mentalement, j'éprouve de la gratitude pour les personnes qui ont cultivé le cacao, pour ceux qui ont préparé le chocolat, pour la terre, le soleil et la pluie. Pour les bactéries qui ont accompagné la fermentation du cacao. Je prends conscience de chacune de mes cellules, elles reçoivent, sinon quelques molécules de chocolat, l'information chocolat. Je respire. Je sens le chocolat fondre dans ma bouche. Je le déguste. J'éprouve de la gratitude envers mes cellules, notamment celles du goût, j'éprouve de la gratitude envers le soleil et la terre. J'ai conscience de participer au monde. Un carré de chocolat a ouvert ma conscience, je le remercie.

À présent, vous comprenez pourquoi il valait mieux choisir du chocolat bio d'origine éthique. Votre voyage aurait été tout à fait différent si vous retraciez le parcours d'un chocolat industriel.

Joie de courir, danser, bouger. Joie de penser, lire, créer. Joie de peindre, chanter, écrire de la poésie, sculpter, modeler… Joie d'utiliser son corps, ses compétences, d'aller au-delà de ses limites. Une activité qui peut nous donner du plaisir peut aussi nous apporter de la joie, pour autant qu'on s'y consacre corps, cœur et âme. Les petites et grandes frustrations du quotidien passent alors au second plan. L'immense et inattendu succès des cahiers de coloriage de mandalas pour adultes est le témoin de ce besoin de pouvoir focaliser son attention et s'abstraire de l'afflux d'informations de notre vie trépidante.

Valorisation bling-bling

« C'est le plus beau jour de ma vie », clame l'homme dans une publicité. La naissance de son enfant ? Son mariage ? Non, un jour de promotion chez un marchand de voitures ! Malgré ce que tentent de nous suggérer diverses enseignes de magasins de meubles, de téléphonie mobile ou autres grandes surfaces, leur acheter les produits qu'ils vendent nous apportera quelque plaisir, mais pas la joie. Nous sommes bombardés de messages publicitaires soulignant qu'avoir de l'argent et de nombreuses possessions nous remplira de joie. Sur la couverture du journal *L'Expansion*, en gros titre : « Entreprises productrices de richesses »… Cela ne choque personne, et pourtant, c'est profondément choquant. De quelles richesses parle le journaliste ? Uniquement d'argent ! La richesse de la vie sous-marine ne signifie pas qu'il y ait des trésors engloutis, mais une vie intense. Peut-être ferions-nous bien de nous consacrer à faire de nos existences des vies riches de sens plutôt que d'argent. Je serai heureux(se) quand… ah, si j'avais ceci ou cela, je serais heureux… Nous pensons parfois devoir notre joie à un certain nombre de conditions, gagner à la loterie, pouvoir acheter le petit tailleur vu en vitrine l'autre jour, obtenir l'autographe d'une star, que l'homme de notre vie nous demande en mariage…

Une étude souligne qu'une simple exposition à des images de produits haut de gamme augmente dépression et anxiété[1] ! C'est peut-être une des raisons pour lesquelles nous avons tendance à éprouver moins de joie en ville qu'à la campagne ! Passer devant les vitrines des boutiques de luxe nous fait du mal. Porsche rouge ou Rolex or, foulard Hermès, sac Chanel ou diamant Van Cleef and Arpels et autres accessoires tape-à-l'œil, le bling-bling sert à montrer son rang social, à en mettre plein la vue aux autres. Certes, il arrive qu'on se paye un de ces objets à haut prix parce que nous sommes séduits par son design ou ses performances, mais le plus souvent ils sont acquis pour dire : « Voyez qui je suis, je ne suis pas n'importe qui, moi, regardez ce que je peux me payer ! Je fais partie des possédants. » Sans jugement de valeur, les études montrent que non seulement l'augmentation des revenus n'apporte pas plus de joie, mais que les personnes qui organisent leur existence autour de la poursuite de la richesse financière auraient tendance à être moins heureuses. De plus,

---

18. Bauer et al., 2012.

la lutte pour la richesse nuirait aux relations sociales et favoriserait des comportements non écologiques, altérant par là même la disponibilité à vivre la joie sur le long terme. Les enquêtes sur le bonheur ont montré de manière consistante qu'on ne peut être vraiment satisfait de sa vie dans un pays en guerre tant qu'on manque de nourriture ou d'abri. Une fois nos besoins de base satisfaits, ni les hausses de la croissance économique nationale, ni les augmentations de revenus personnels n'ont beaucoup d'effet. Les personnes les moins focalisées sur le matériel semblent plus autonomes, compétentes et reliées aux autres. Selon les études, être orienté vers un objectif matériel est nettement associé avec une baisse du bien-être, une augmentation de la dépression et du manque de satisfaction dans la vie. En résumé, plus on est orienté vers l'avoir, moins on est satisfait. C'est un lieu commun que de dire que mettre en avant des signes extérieurs de richesse compense le manque de richesse intérieure, mais ce n'est pas si faux que cela. Et cela fonctionne dans les deux sens.

« J'admire les gens qui possèdent de belles maisons, des voitures chères et des vêtements onéreux. »

« Acheter des choses me donne beaucoup de plaisir. »

« Je serais plus heureux si je pouvais me permettre d'acheter davantage de choses. »

Telles étaient quelques-unes des phrases proposées aux sujets de l'expérience. Ils devaient les noter de « Je suis en profond désaccord » jusqu'à « Je suis totalement en accord ». Selon cette recherche dirigée par le psychologue Tim Kasser[1], les gens énonçant que l'argent, l'image et la popularité sont relativement importants pour eux rapportent moins de satisfaction dans leur vie, moins d'expériences d'émotions plaisantes et davantage de dépression et d'anxiété. Des résultats similaires ont été démontrés pour une variété de groupes d'âges et de populations à travers le monde.

Une autre étude a tenté de faire diminuer l'intérêt matériel d'adolescents auparavant hautement matérialistes. Les psychologues y ont réussi avec pour effet une importante augmentation de l'estime de soi des ados durant les mois suivants par rapport à un groupe contrôle. C'est une étude importante parce qu'elle signifie qu'on peut augmenter l'estime de soi des adolescents en les aidant à s'orienter vers des buts moins matérialistes[2].

Ce sont les expériences et non les choses qui nous rendent heureux. Les choses ne nous procurent de la joie qu'à partir

---

1. Changes in Materialism, Changes in Psychological Well-Being: Evidence from Three Longitudinal Studies and an Intervention Experiment, Tim Kasser • Katherine L. Rosenblum • Arnold J. Sameroff • Edward L. Deci • Christopher P. Niemiec • Richard M. Ryan • Osp Árnadóttir • Rod Bond • Helga Dittmar • Nathan Dungan • Susan Hawks, Published online: 16 July 2013 Ó Springer Science+Business Media New York 2013. http://sdtheory. s3.amazonaws.com/SDT/documents/2014_Kasser_et_al_ materialism.pdf

2. Lyubomirsky, Sonja, *Qu'est-ce qui nous rend heureux*, Les Arènes, pp. 178, 179.

de la façon dont on les utilise, de ce qu'on en fait. Les seules vraies richesses sont les richesses intérieures, car ce sont les seules que personne ne pourra nous ôter et que nous sommes susceptibles d'emporter au paradis – si toutefois ce dernier existait. Nous avons tout intérêt à dépenser notre argent en bons moments plutôt qu'en possessions.

Les valeurs matérialistes nous éloignent de nous-mêmes. Être centré sur soi nous ferme au monde. Or, nous allons le voir, la joie provient de notre action sur le monde. Les expériences optimales surviennent quand on s'oublie au profit d'un but, au profit d'un autre, au profit… sans profit. Quand on s'oublie, c'est tout. Car alors, on peut accueillir la vibration du monde. S'engager pour autrui et s'émerveiller semblent les voies les plus prometteuses de joie.

Les ondes gamma

« La personne la plus heureuse au monde, c'est Matthieu Ricard[1] », ont décrété les scientifiques qui ont scanné son cerveau. Docteur en génétique cellulaire, moine bouddhiste tibétain engagé[2], auteur, photographe, l'homme met ses multiples talents au service d'autrui. L'imagerie médicale a

1. http://www.matthieuricard.org/humanitaire
2. Entre autres activités, Matthieu Ricard est le fondateur de Karuna-Shechen, une association à but non lucratif avec pour idéal la compassion en action. Depuis 2000, Karuna-Shechen initie et gère des projets spécialisés dans la prestation de soins de santé primaires et de services éducatifs et sociaux aux populations défavorisées en Inde, au Népal et au Tibet.

mis en évidence qu'il possédait une capacité à générer de longues ondes gamma, plus que jamais enregistrées jusqu'ici chez un humain. Comment est-il arrivé à ce résultat ? En s'asseyant, en observant ce qui se passe en lui et en s'ouvrant à la compassion. Méditer permet de se mettre à l'unisson de la vibration de la vie en soi. Cela semble complexe. Apprenons de Matthieu Ricard : quand il médite, il respire, il écoute le mouvement de l'inspiration, puis le mouvement de l'expiration.

Au début, quand on se met à méditer, nombre de pensées se pressent au portillon pour profiter de cet espace disponible et occuper notre écran mental. Puisque nous mettons sur OFF le bouton « attention à l'extérieur », le cerveau se met en mode par défaut et produit des pensées qui semblent aléatoires. Assis et immobiles, nous contemplons cette valse d'images et de mots qui forment nos pensées, nous observons comment elles s'agencent les unes avec les autres, se nourrissent, s'entrecroisent, s'associent… Nos neurones s'activent et organisent leurs connexions. Peu à peu la dynamique nous apparaît et nous prenons conscience du fonctionnement de notre cerveau. Intégrer les informations, faire des liens, associer des sensations et des pensées, c'est le job de notre système nerveux central. Peu à peu, en maintenant l'attention sur la respiration, on peut percevoir une stabilité sous-jacente à cette agitation. A-t-on enfin trouvé la tranquillité, quelque chose de solide sur quoi s'appuyer ? Autant que l'océan ou le ciel sont tranquilles… L'océan reste l'océan quelle que soit l'activité sous-marine ou la force des vagues. Nous ne voyons pas non plus les mouvements des courants aériens. Et ces petits points lumineux qui nous ravissent dans le ciel sont le lieu d'une activité intense. Nous cherchons la stabilité, mais la vie est mouvement permanent. Le mouvement est ce qui définit la vie ! La rigidité est… cadavérique. Et encore, pas pour longtemps, tant la vie et les bactéries reprennent rapidement leurs droits. Tant que nous sommes vivants, nos cellules ne cessent pas de fonctionner, les enzymes font leur travail, les molécules s'agencent et transmettent leurs informations. La vie, ça bouge. Zoomons encore : au niveau atomique, c'est encore l'agitation. L'atome, onde ou particule ? Les particules apparaissent, disparaissent. La vie est vibration. En méditation, notre cerveau émet des ondes longues. Nos cellules se synchronisent. Assis en silence, nous pouvons percevoir en nous la vibration de la vie. Et peut-être que la joie, c'est juste ça.

Exercice

Je m'arrête un instant,
et j'écoute la Vie en moi.
J'écoute les sons autour de moi,
je vois, je goûte… tout est vibration.
Je perçois cette vibration du monde, et je m'accorde.
Pour cela, je fais confiance à mes cellules.

« Bonnes vibes[1] » et appel à la fusion

Le 10 décembre 1996 au matin, un vaisseau sanguin éclate dans le lobe gauche du cerveau d'une femme, mais l'accident a bien choisi sa victime. Quand elle réalise que les bizarreries de ses perceptions et la paralysie de son bras droit doivent être le résultat d'une attaque cérébrale, Jill Boite Taylor[2] se dit que, pour une neuroanatomiste, il s'agit d'une fabuleuse opportunité d'étudier la question de l'intérieur. C'est ce qui s'appelle positiver ! Notre cerveau est composé de deux hémisphères, reliés par le corps calleux, des fibres qui intègrent les informations issues de chaque hémisphère de manière à fonctionner comme un tout. Mais l'expérience de Jill Bolte Taylor lui permet de mesurer combien ces deux lobes traitent l'information différemment. Elle va jusqu'à dire qu'ils ont chacun une personnalité spécifique. Son cerveau gauche réduit au silence par l'hématome qui s'y développe, elle ne reçoit plus que les informations de son cerveau droit. Les frontières de son corps s'effacent. Elle se décrit s'appuyant au mur de sa salle de bains : « Les atomes et molécules de mon bras se mêlaient aux atomes et molécules du mur. » Heureusement, son hémisphère gauche n'a pas abandonné complètement la partie et lui signale qu'il y a un problème et qu'elle a besoin d'aide. Quand elle « part » dans le monde

1. Bonnes vibrations / vibes : abréviation de vibrations, ambiance, atmosphère (dictionnaire Larousse).
2. Elle partage son expérience dans un livre, puis lors d'une conférence TED en 2008 http://www.ted.com/talks/jill_bolte_taylor_s_powerful_stroke_of_insight? language=fr
La Puissante Introspection de Jill Bolte Taylor – TED 2008.

qu'elle nomme « Lala » de son cerveau droit, elle devient source d'énergie connectée à l'énergie du monde. Plongée dans un merveilleux silence, éblouie par la splendeur de l'énergie autour d'elle, elle est une avec l'univers. Le stress du travail n'est même plus un souvenir, elle se sent légère, euphorique, en paix. Mais quand elle tente de lire une carte de visite pour identifier un numéro de téléphone à composer pour trouver de l'aide, elle ne voit que des pixels. Elle ne peut plus lire. Elle mettra quarante-cinq minutes pour réussir à appeler un de ses collègues. Quand elle parvient à le joindre, elle ne comprend pas ce qu'il dit et n'arrive pas à prononcer autre chose que des borborygmes. Il comprend qu'elle a un gros problème et dépêche d'urgence une ambulance. La neuroanatomiste a mis plusieurs années à récupérer toutes ses capacités, mais elle est sortie grandie de l'expérience. Sa conclusion ? Notre cerveau gauche est super utile. Il l'a sauvée ! Ce lobe gauche nous permet de gérer correctement notre quotidien, de communiquer par la parole, de lire et d'écrire. C'est lui qui nous inscrit dans la ligne du temps, mémorise le passé ou anticipe le futur, tandis que le cerveau droit est plongé dans un éternel présent. Mais, selon Jill, les qualités mêmes de l'hémisphère gauche, son attention aux détails et aux détails des détails, son ancrage dans le passé ou le futur, peuvent parfois devenir des handicaps en nous faisant croire que nous sommes des êtres distincts les uns des autres. Elle l'a perçu. Nous sommes des êtres énergétiques, comme une seule famille humaine. Qui sommes-nous ? Selon Jill, le cerveau droit répond : « Nous sommes la force de l'univers » alors que le gauche dit : « Je suis moi. » Il semble que nous retrouvions nos dimensions homéo (fusion, amour universel, communion) et dynamique (objectif, existence, identité) !

Joie intense, bonheur ineffable, amour universel… Est-ce vraiment l'apanage du cerveau droit ? D'autres neuroscientifiques soulignent que ces sensations appartiennent au vocabulaire des expériences au seuil de la mort. Ils soutiennent qu'il est probable que si l'hématome avait été situé à droite, elle aurait eu à peu près les mêmes expériences. La théorie de Jill Boite Taylor est séduisante, mais le cerveau travaille comme un tout. Le traitement du langage est certes majoritairement situé dans l'hémisphère gauche, mais seulement chez 90 % des droitiers et 70 % des gauchers. Et ce n'est pas vrai en Chine[1]. De plus, l'imagerie médicale fonctionnelle a contribué à casser le mythe d'un cerveau gauche sérieux et triste tandis que le droit serait spécialisé dans la joie. En effet, quand une personne vit des sentiments agréables et positifs, c'est son cortex préfrontal gauche qui s'allume. Tandis que le droit s'éclaire quand la personne éprouve de la tristesse. Observons un cerveau éprouvant de la joie grâce à l'IRM fonctionnel, quatre structures s'allument : l'amygdale droite, le lobe préfrontal gauche, l'aire tegmentale ventrale et le noyau *accumbens*. Ces deux dernières étant essentielles dans ce qu'on appelle le circuit de la récompense. Il n'empêche,

1. Probablement parce que le mandarin est une langue tonale. Pour parler et comprendre autrui, les locuteurs chinois engagent leur lobe temporal droit autant que les circuits dans l'hémisphère gauche actifs chez les locuteurs anglais ou français.
February 24, 2015 – http://theconversation.com/if-you-speak-mandarin-your-brain-is-different-37993

l'expérience de Jill Boite Taylor est inspirante. Nous aspirons tous à cette fusion, à cette expansion de conscience qui nous permet de dévoiler notre âme.

Révélatrices de l'âme ?

Les images et sensations décrites par Jill Bolte Taylor suite à son AVC sont aussi dépeintes par les personnes qui ont consommé des substances psychédéliques. Psychédélique, le mot signifie « qui révèle l'âme ». On les confond encore dans le grand public avec des drogues comme l'héroïne, la morphine, la cocaïne. Les récepteurs cannabinoïdes du noyau *accumbens* déclenchent un plaisir intense. En « redescendant », la personne n'a qu'une envie : recommencer. Ces drogues sont addictives et dangereuses. En revanche, la psilocybine des champignons hallucinogènes, le LSD, la mescaline, le peyotl, l'iboga et l'ayahuasca provoquent des états modifiés de conscience. Ces plantes sont utilisées depuis des millénaires à des fins médicales ou rituelles par les chamanes. Elles ne sont pas consommées pour le plaisir, mais en vue d'une expansion de conscience ou d'une guérison. Contrairement aux drogues récréatives citées plus haut, elles ne déclenchent pas d'addiction. Un personnage du roman informatif de Tom Verdier fait un joli rapprochement entre prendre du LSD et faire un voyage au Japon[1]. On en revient ébloui, mais on n'y retourne pas forcément le lendemain, ni même l'année suivante. Si les psychédéliques sont encore

1. Tom Verdier, *Lucie dans le ciel*, Albin Michel, 2011.

classés comme stupéfiants dans la plupart des pays, d'autres les ont inscrits dans leur patrimoine culturel. Et surtout, des études de plus en plus nombreuses sont menées un peu partout dans le monde pour utiliser ces molécules traditionnelles si prometteuses dans une visée thérapeutique[1]. Les premières études font état d'une grande efficacité des psychédéliques dans la guérison des troubles post-traumatiques, la régulation de la douleur et le soulagement de la dépression. Certaines molécules semblent aussi prometteuses dans la guérison des addictions.

Les paradis artificiels des drogues récréatives attirent les jeunes et moins jeunes qui ne vivent pas assez de joie au quotidien. Du fait de la prohibition des drogues, le marché noir se développe, les dealers sont aux portes des lycées et collèges. Il est temps d'encadrer la consommation par la loi. Si le cannabis ou le LSD pouvaient s'acheter en pharmacie, ce pourrait être par exemple sur ordonnance et seulement à partir de vingt-cinq ans, ce serait assorti d'information, d'une notice d'utilisation précisant les effets secondaires. Et principal atout à mes yeux, les dealers n'auraient plus aucun intérêt à les vendre. Ils ne viendraient plus squatter les sorties des collèges et des lycées pour entraîner les jeunes dans la dépendance. Nos enfants ne risqueraient plus de consommer de la drogue coupée de toutes sortes de produits chimiques douteux. Mais au-delà d'une légalisation qui priverait les dealers de leurs ressources, la véritable lutte contre les drogues dangereuses consiste à cultiver la joie, à fournir aux enfants,

1. MAPS – université de Vancouver, Canada.

adolescents et adultes les conditions de liberté, de connexion et de pouvoir qui leur donneront accès à l'expérience optimale qu'est le *flow* sans avoir recours à ces expédients. Les jeux vidéo en ligne, le flux de mails, de sms et de connexions avec des milliers d'« amis », lesquels pareillement pallient le défaut de joie, perdraient aussi un peu de leur attrait.

Nous sommes vibration

Nous avons pris l'habitude de considérer le corps comme un support de l'esprit. L'esprit serait le cavalier, le corps le cheval… Mais c'est bien plus complexe que cela, nous sommes biologie, chimie et électricité. On accuse René Descartes de cette séparation entre le corps et l'esprit. En effet, en 1637, Descartes affirme le dualisme de l'âme et du corps. Ce grand savant est le père de la méthode scientifique. Il nous paraît naturel aujourd'hui de mener des expériences, d'observer, de douter et de réfléchir. Mais à l'époque régnait la scolastique, c'est-à-dire la recherche de toute réponse au sein des écritures religieuses. Une question ? Regardons dans les textes ! Pas question de remettre en cause des dogmes de l'Église. Ces temps ne sont pas tendres pour les scientifiques. Galilée vient d'être condamné. Descartes renonce à publier son *Traité du monde et de la lumière*. Fort opportunément, l'« esprit cartésien » sépare nettement l'âme du corps. Il laisse l'âme aux religieux et peut ainsi exercer le doute, le raisonnement et l'expérience sur le corps. Cette séparation du corps et de l'esprit a permis aux scientifiques de mieux comprendre l'anatomie et le fonctionnement de notre organisme. Ce radeau qu'est ce concept de séparation du corps et de l'esprit nous a permis de traverser une rivière, celle de l'obscurantisme religieux. Nous n'avons aujourd'hui plus peur d'être brûlés vifs… même si, hélas, l'obscurantisme financier règne encore et ridiculise, ruine et traîne dans la boue nombre de découvreurs[1]. Le livre d'Antonio Damasio intitulé *L'Erreur de Descartes* a réintégré les émotions dans le cerveau qui pense. Nous pouvons de nouveau percevoir le corps et l'esprit dans une continuité, réaliser que notre cerveau, machine fantastique au service du mouvement, permet la prise de conscience de soi et même les expériences mystiques. Et qu'en retour nos pensées et nos émotions l'informent. Qu'est-ce qui véhicule l'information ?

Électrocardiogramme, électroencéphalogramme et électromyogramme enregistrent le courant électrique passant respectivement dans le cœur, le cerveau et les nerfs et muscles. Les neurones, les nerfs utilisent l'électricité. Certes, ce n'est pas du 220 volts, et nous ne risquons pas d'électrocuter nos amis. Même si parfois nos lèvres font des étincelles parce que nous avons accumulé de l'électricité statique ! Fréquences et rythmes animent tout notre organisme. Polarisation, dépolarisation, l'influx nerveux transmet les informations. Nos perceptions, nos pensées, nos émotions, nos rêves, nos mouvements, tout cela est essentiellement orchestré par des impulsions électriques.

En mouvement permanent, les cellules de notre corps produisent de minuscules vibrations, donc du son ! En 2004,

1. Benvéniste, Beljanski…

le Dr Jim Gimzewski de l'UCLA (University of California, Los Angeles), spécialiste en nanotechnologie, a conçu un appareil permettant de les rendre audibles pour nos oreilles. Bingo ! Le chercheur a non seulement pu écouter les cellules, mais les entendre se plaindre ou exprimer leur joie (non, là, j'extrapole). Après Nikola Tesla et Georges Lakhovsky, il a démontré que les cellules émettaient des fréquences différentes selon leur état de santé. Toute cellule vivante est un émetteur récepteur miniature, un corps oscillant sur une fréquence spécifique, produisant des vibrations.

Le docteur Luciano Bernardi souligne que plus leurs variations sont amples et régulières, plus les fonctions du corps produisent une pulsation qui semble être l'expression même de la vie. Lorsque nous sommes en phase avec cette pulsation fondamentale, nous sommes emplis de joie. Une joie sans objet, sans déclencheur autre que simplement se sentir vibrer.

Exercice

Quelle est ma tolérance à la joie ? Est-ce que je me laisse gagner par l'émotion ou est-ce que je lutte contre ? Pour en prendre conscience, j'observe mes réactions face à la joie de mes enfants (ou d'autres enfants dans un parc par exemple). Ai-je tendance à chercher à les calmer, trouvant qu'ils font trop de bruit, qu'ils bougent trop ? Ou puis-je me laisser envahir par leur émotion et y participer ?

Je fais l'expérience de me laisser envahir davantage que d'habitude. Je laisse ces sensations gagner tout mon corps. Je respire dedans.

Avec ma famille, mes enfants, mon conjoint ou des amis, je reproduis les gestes de la liste… et j'observe ce que j'éprouve. Je note aussi les réactions de ma famille.

	Ce que j'éprouve	**Réactions de ma famille**
Lever les bras		
Lever les bras		
Crier		
Ouvrir les mains		
Serrer les poings vers le haut		
Sourire		
Pleurer		
Sauter		
Sautiller		
Danser, Tourner, Courir		
Embrasser		
Saluer la foule/ Papa, Maman de la main		
Se grandir, visage vers le ciel, menton levé		

2.

Relations, liens, appartenance

— Quelle joie de vous retrouver, mes amis !

Accueillant ses invités, Daphné est lumineuse, resplendissante dans son fourreau noir. Ses yeux pétillent, la joie se lit sur son visage.

Roland avance vers son ami, les deux bras ouverts vers le ciel, sourire aux lèvres, menton vers le haut, poitrine offerte…

— Te voilà, toi ! Je suis content de te voir ! dit-il d'un ton légèrement plus aigu que dans la conversation avant de serrer son ami dans ses bras.

— Whouah, tonton !

La joie de Chloé, six ans, est plus bruyante. La petite fille court vers son oncle, lui saute dans les bras, se tortille, descend, court et danse autour de lui…

Quelle que soit la liberté avec laquelle nous nous laissons exprimer notre joie, nous l'éprouvons en retrouvant des personnes chères. Être en présence de personnes connues et aimées nous rassure. Nous pouvons baisser la garde. Sentir l'affection que nous avons pour eux et leur tendresse à notre égard nous remplit d'ocytocine, on se sent bien ! On se sent comme chez soi. Souvenir des plaisirs partagés, du bon temps passé ensemble, anticipation du bonheur des heures à venir. La rencontre nous apporte notre lot de signes de reconnaissance positifs, dope notre estime de nous-mêmes, renforce notre statut social et notre sentiment de sécurité.

La joie signe le sentiment d'appartenance. Nous l'éprouvons aussi lorsque nous rencontrons une personne appartenant à un groupe auquel nous nous identifions. Nous pourrons accueillir les bras ouverts un lointain cousin jamais vu auparavant. Nous ne pouvons pas encore dire que nous l'aimons, nous ne le connaissons pas. Il nous est en définitive tout aussi étranger que le migrant arrivant de Syrie ou d'ailleurs, mais nous avons quelque chose en commun. Nous appartenons à la même famille, même si nous venons de le découvrir. Se fondre dans le même, se synchroniser, appartenir au groupe, c'est essentiel à l'humain. Et la joie exprime que nous sommes en contact avec cet essentiel en nous.

Nous sommes une espèce sociale

Depuis la nuit des temps, nous vivons en groupes et l'isolement est synonyme de danger. L'exclusion est la pire des punitions. Dans le passé, elle signifiait souvent la mort tant il peut être difficile de survivre seul dans des contrées inhospitalières. Un temps de solitude choisi peut être une période de construction de soi, de croissance sur notre axe vertical. Mais un isolement forcé par les circonstances, ou par abus de pouvoir d'autrui, déclenche toutes sortes de troubles psychiques et physiques.

Nous sécrétons de l'ocytocine quand nous nous touchons, quand nous nous regardons affectueusement, quand nous nous préoccupons les uns des autres. C'est l'hormone de l'attachement. Se regarder, se saluer, se parler, s'écouter, nous avons absolument besoin de recevoir et d'échanger avec les autres des signaux qui nous permettent de savoir que nous existons les uns pour les autres et que nous sommes acceptés dans le groupe. Comme de nombreuses espèces sociales, nous sommes équipés d'un système d'attachement destiné à assurer notre sécurité. L'ocytocine n'en est qu'un élément. Le bébé est dépendant d'un parent qui s'occupe de lui, le nourrit et le protège. Et nous vivons en groupe. Nous sommes biologiquement programmés pour nous attacher à la personne qui prend soin de nous dans les neuf premiers mois de notre vie, ce sera notre figure principale d'attachement. Nous tisserons aussi de l'attachement avec de nombreuses figures secondaires. Nous pleurons quand nous sommes éloignés, nous éprouvons de la joie lorsque nous retrouvons une figure d'attachement.

Rencontrer les personnes que nous aimons, celles qui nous sont familières ou celles que nous ne connaissons pas forcément individuellement, mais qui nous permettent de nous sentir appartenir à un groupe, tout cela nous donne de la joie. La joie vient du fait que nous sommes en connexion les uns avec les autres et non plus isolés, que nous nous sentons en sécurité et pouvons relâcher notre vigilance, qu'en présence du même nous nous synchronisons, nous nous fondons dans l'un.

Les vibrations se synchronisent

Dans le film *Océans*, le fabuleux documentaire tourné sous l'eau, de Jacques Perrin et Jacques Cluzaud, nos yeux sont éblouis par de magnifiques ballets de bancs de poissons. Un super organisme danse avec souplesse une chorégraphie fluide. Dans un ensemble presque parfait, les poissons modifient leur vitesse, leur direction. Une telle harmonie, un tel ensemble est époustouflant. Comment communiquent-ils pour être si synchrones ? En réalité, ils ne communiquent pas. Trois lois ordonnent ces mouvements coordonnés. 1. S'aligner sur le poisson le plus proche. 2. Se placer le plus près possible. Sans entrer en collision, maintenir donc la juste distance pour éviter tout contact. 3. Quand un prédateur arrive, fuir. Puis dès que le prédateur est parti, on reforme le banc. En suivant ces lois simples, les mathématiciens ont pu reproduire sur leurs ordinateurs ces fantastiques ballets synchronisés. Les bancs de poissons, mais aussi les vols d'étourneaux, les troupeaux d'herbivores, les groupes de lucioles manifestent de splendides synchronisations de leurs comportements. Les chercheurs nomment accrochage ou couplage cette convergence systématique vers la même fréquence, la même phase et parfois aussi, la même intensité. Les foules humaines ont aussi cette tendance à la synchronisation, pour le meilleur et pour le pire. De la joie naît de cette synchronie, mais nous y perdons en libre arbitre et en capacités critiques. Nous en reparlerons plus loin. Pour l'heure, cherchons à comprendre le mécanisme.

En 1665, le physicien hollandais Huygens, devant garder le lit quelques jours pour cause de maladie, a constaté que deux de ses horloges à balancier, placées côte à côte, battaient en parfaite synchronie. S'il les perturbait, elles se resynchronisaient en une demi-heure. S'il les éloignait, la synchronisation cessait. C'est le début des recherches sur les oscillateurs couplés. « Le monde naturel est plein d'oscillateurs couplés et les plus remarquables sont ceux des êtres vivants : les 100 000 cellules du cœur qui déclenchent chacune individuellement leur impulsion dans un ensemble parfait pour permettre au cœur de battre avec régularité, les cellules du pancréas qui sécrètent l'insuline, les neurones du cerveau et de la moelle épinière qui commandent des comportements rythmés tels que la respiration, la course ou la mastication. Non seulement tout en nous et autour de nous est vibration, mais ces vibrations ont tendance à entrer en résonnance et à se synchroniser. » Le mathématicien Steven Strogatz[1] explique que toute vibration forme cycle, et tout est cycle autour et en nous, et les cycles tendent à s'accrocher les uns aux autres. Ce phénomène s'observe non seulement à l'intérieur d'un même organisme, mais entre des individus distincts.

Deux montres mécaniques l'une à côté de l'autre s'accrocheront d'autant plus facilement qu'elles seront du même modèle. Les vibrations émises par une montre

1. Steven Strogatz sur la synchronisation : http://go. ted.com/bdib

dépendent de sa structure. Deux guitares dans la même pièce ? Les cordes de la guitare posée dans un coin vont résonner lorsque leur note ou ses harmoniques seront jouées sur l'autre instrument. Les musiciens sont habitués à ce phénomène. Les oscillateurs s'accrochent parce qu'ils s'assimilent réciproquement. Ils se reconnaissent comme ayant la même forme.

Maman sourit à son bébé. Le bébé sourit en retour, la maman sourit de nouveau… Ces réponses circulaires forment l'attachement, maman et bébé synchronisent leurs cerveaux. Ça ne fonctionne pas avec un écran. Un enfant apprend facilement une langue étrangère d'une personne humaine, parce qu'il « s'accroche », il reconnaît l'autre personne comme semblable à lui, il peut donc l'imiter. Si la même personne lui donne le cours par l'intermédiaire d'une vidéo, il n'apprend pas. Nos neurones ont absolument besoin de la présence physique des autres et d'une mise en résonance empathique avec eux. Les relations cybernétiques, SMS, Internet, ou autres contacts virtuels ne leur suffisent pas.

Se synchroniser est une fonction de la nature. Nous éprouvons de la joie à nous synchroniser. Lorsque nos relations à autrui sont harmonieuses, que ce soit entre conjoints, entre parent et enfant, professeur et élève, entre soigné et soignant… les neurones des deux personnes se mettent en phase. L'IRM fonctionnel en est témoin. Et lorsqu'on mesure divers paramètres biologiques, il semble qu'il en résulte un meilleur métabolisme. On est en meilleure santé et on éprouve davantage de joie quand on se synchronise les uns avec les autres que lorsqu'on se dispute !

Chanter et se synchroniser

Une cinquantaine de personnes en cercle chantent. Nous sommes le 30 décembre dans une église d'Oakland, en Californie. Au centre, la « maître de chœur » a rapidement réparti autour d'elle et par groupes les sopranos, les altos, les ténors, barytons et basses, donné à chacun son la, son rythme et quelques syllabes chantées. C'est l'événement « Sing for your life » (chanter pour sa vie) qui a lieu chaque année à cette date. Des chœurs chantent ainsi non stop douze heures durant. Sur ce tapis vocal, l'un ou l'autre s'avance et improvise un solo. C'est Bobby McFerrin avec son groupe Voicestra qui a initié dans le milieu des années 1980 cette tradition à la cathédrale Grace de San Francisco. Ils ont chanté et animé tout un groupe pendant douze heures consécutives, créant, comme vous pouvez l'imaginer, une énergie unique. Il ne s'agit pas de performance, mais de se connecter à travers la musique. Nous nous joignons au chœur qui s'ouvre pour nous faire de la place. Pas besoin de connaître les paroles. La chanteuse qui guide le cercle nous donne quelques syllabes à chanter en rythme, elle cale le tempo, et allez ! Elle nous encourage à chanter plus fort. Rapidement, nous sommes gagnés par l'émotion. Quelle joie de chanter ainsi à gorge déployée ! Pour chanter, chacun est très présent à lui-même, à sa respiration, au son qu'il produit. Et bien sûr, très présent aux autres, puisqu'il s'agit de chanter ensemble, en harmonie. Nous étions venus par simple curiosité, et n'avions prévu que de rester une vingtaine de minutes. Nous avons du mal à quitter le cercle au bout d'une heure, et si nous n'avions pas un autre rendez-vous à honorer, nous serions restés. Chœur vint du latin *chorus*, se joindre. Et quand on se joint ainsi de tout cœur au chœur, la joie jaillit avec force.

Chanter ensemble donne de la joie. « Libérer Assurancetourix » était devenu la devise de notre petit groupe de chant sous la houlette de Stéphane qui nous serinait « chanter, c'est oser ! ». Nous ne chantons quasiment plus en France : « Il va pleuvoir. » « Tu chantes faux. » Les Gaulois du village d'Astérix vont jusqu'à ligoter le barde lors du banquet afin qu'il ne chante pas. Cette image hante notre inconscient et nous nous taisons. Nous n'avons pas une belle voix ? Nous croyons chanter faux ? Quand vous commencez le piano ou le saxo, vous ne mettez pas en cause l'instrument, vous savez qu'il vous faut pratiquer. Pour la voix, c'est pareil. Si tout le monde n'a pas une voix sublime qui transperce le cœur des auditeurs, tout le monde peut chanter. Il suffit de pratiquer, de s'entraîner, et surtout, d'oser ! Chanter seul sous la douche, c'est sympa. Mais chanter ensemble, après un repas, pour une fête ou simplement pour le plaisir, c'est magique.

Se synchroniser est une tendance naturelle de tout système vivant (et non vivant). En fait, il semble que le simple fait de se synchroniser nous apporte de la joie. Chanter ensemble, danser, c'est se synchroniser. La joie naît lorsque nous sommes « en phase » avec les autres. Nous utilisons volontiers ce vocabulaire de l'électricité, sans toujours mesurer combien il est littéral.

Le succès des *flash mob* tient pour beaucoup à la joie de la synchronisation. Un *flash mob*, c'est une mobilisation éclair, un rassemblement dans un lieu public pour danser, chanter, effectuer des actions convenues d'avance, avant de se disperser rapidement. Le *flash mob* permet de se sentir partie prenante d'une action, d'un groupe, brièvement, mais intensément. Le tout au service d'une cause ou de la simple joie à se synchroniser!

Prier ensemble, chanter ensemble, célébrer ensemble soudent le groupe. Dans son livre *Anticancer*, le Dr David Servan-Schreiber relate l'aventure du Dr Luciano Bernardi. Ce dernier travaillait sur la mesure des variations des rythmes biologiques (l'activité électrique des neurones, les microvariations des battements du cœur, de la tension artérielle, du flux sanguin vers le cerveau et de la respiration) selon les activités mentales (calcul mental, lecture à voix haute...). Toute expérience nécessite un groupe témoin, c'est-à-dire un groupe qui fait autre chose que ce que l'on propose aux autres de manière qu'une seule dimension varie et que l'étude puisse être significative. Bernardi cherchait donc une idée pour que son groupe contrôle parle, mais sans effort mental. Il pensa à leur faire réciter le rosaire en boucle. Ce sont des Italiens, ils le connaissent tous par cœur. Stupéfaction! Sur les écrans, tous les rythmes biologiques mesurés entrèrent en résonnance! Ils se sont alignés, amplifiés et finissaient pas s'harmoniser. Explication: dans les églises italiennes, le rosaire est récité en écho au prêtre sur une seule expiration. Les sujets avaient naturellement adopté ce rythme qui leur était habituel de six inspirations par minute. Précisément le rythme naturel de fluctuation des fonctions que Bernardi se proposait de mesurer. Du coup ces fonctions étaient entrées en résonance, se renforçant mutuellement. Se demandant si d'autres pratiques religieuses auraient un effet comparable, Luciano Bernardi a fait réciter à ses sujets le mantra bouddhique : *Om-Mani-Padme-Hum*. Leur respiration s'est spontanément calée sur un rythme de six par minute, les rythmes biologiques mesurés sont entrés en cohérence de la même façon qu'avec le rosaire. Serait-ce que ces deux traditions auraient des racines historiques communes ? Il semblerait effectivement que la pratique du rosaire ait été introduite en Europe par les croisés, qui la tenaient des Arabes, eux-mêmes l'ayant obtenue des moines tibétains et des yogis indiens… La découverte de la joie de l'harmonisation des rythmes biologiques remonte donc aux temps les plus reculés[1].

Le feu intérieur de la spiritualité

Les expériences mystiques de rencontre avec la Lumière activent un feu intérieur qui transfigure la vie. Ceux qui les ont vécues racontent l'amour inconditionnel et la joie qui les inondent et les transportent. Le plus souvent, après cette Rencontre, ils se mettent au service des autres humains. La joie de vivre qui les irrigue n'est pas de surface, elle leur permet de surmonter les obstacles et les difficultés de la vie. Mais ces expériences ne sont pas le propre des adhérents à une religion, même si elles déclenchent parfois des

1. Servan-Schreiber, David, *Anticancer, Prévenir et lutter grâce à nos défenses naturelles*, éd. Robert Laffont, 2007, pp. 259-262.

conversions. Tous les humains partagent les mêmes valeurs et les mêmes aspirations. Si la religion nous divise, ma conviction est que la spiritualité peut nous unir. Depuis des siècles et des siècles, les croyants des religions se heurtent les uns aux autres, guerroient sans fin, violentent et torturent pour réduire les autres au silence, pour que leurs croyances soient reconnues comme seules bonnes. Comme si elles étaient si fragiles qu'elles craignaient la controverse. Il leur faut conserver intact tout l'édifice de crainte que tout ne s'écroule et ne les laisse seuls face à l'angoisse générée par la conscience. Religion, le mot vient de *relegere* qui signifie originellement « relire, respecter scrupuleusement ». Chaque religion cherche à se distinguer d'autres groupes, ordonne de respecter certains rituels et commandements, notamment alimentaires pour tout à la fois réunir et séparer, réunir le groupe autour du repas et exclure ceux qui ne font pas partie de ce groupe.

Au-dessus de ces batailles, certains œcuméniques professent que toutes les religions ont le même but, et ils n'ont pas tout à fait tort. Les dialogues interreligieux sont en définitive des dialogues interhumains et mènent souvent à cette conclusion : tout le monde aspire à l'Amour et rencontre la Joie lorsqu'il est sur ce chemin.

Parfois spiritualité et religion se confondent et le corpus de croyances d'une religion peut soutenir l'accès à la spiritualité. Mais quand les croyants y cherchent le confort de l'âme, la religion étouffe alors la spiritualité. Quand la religion est votre refuge, quand le dogme est ce qui vous soutient, il vous faut les défendre bec et ongles. La plupart des religions ont deux facettes, l'une ésotérique, pour les chercheurs de conscience, l'autre exotérique, pour le tout-venant. La voie exotérique a tendance à dicter le bien et le mal, elle promet le salut contre le conformisme et l'obéissance, elle codifie les relations, apporte des réponses aux interrogations et régit même ce que l'on met dans sa bouche. L'obéissance rassure, les réponses absolues calment les angoisses existentielles, mais font taire notre cerveau préfrontal. Cette soumission est compensée par le sentiment d'appartenance qui devient essentiel et à renforcer à tout prix… La voie exotérique est une recherche intérieure.

La spiritualité, loin d'apporter des réponses à l'Homme, l'interroge. C'est le propre de l'homme que de se poser des questions, et ainsi de grandir en intelligence, de disposer de son libre arbitre, de conduire sa vie selon ses valeurs, tout cela, grâce à son cerveau préfrontal. Si la religion est utilisée pour calmer l'angoisse existentielle, elle freine l'humain dans sa spiritualité, dans ce que ce mot signifie pour moi de responsabilité chacun à sa place dans l'univers. « La religion est l'opium du peuple » est une des phrases les plus connues de Karl Marx. La totalité de la phrase écrite par le philosophe allemand dans un essai sur la pensée d'Hegel nuance le propos et la réinsère dans un contexte : « La religion est le soupir de la créature opprimée, le cœur d'un monde sans cœur, tout comme elle est l'esprit d'une situation sans spiritualité. Elle est l'opium du peuple. » Avant lui, le philosophe Heine s'était déjà référé ironiquement au rôle narcotique de la religion : « Bénie soit une religion, qui verse dans l'amer calice de l'humanité souffrante quelques douces et soporifiques gouttes d'opium spirituel, quelques gouttes d'amour, foi et espérance. »

On entend dire que la religion serait nécessaire pour rendre les hommes bons, que les préceptes édictés par les livres, le devoir pieux et la promesse d'un paradis formeraient altruisme et générosité. Un petit coup d'œil à l'histoire de l'humanité tout autour de la planète montre que c'est loin d'être le cas. Il est vrai que certaines études mesurant les donations ont conclu à une plus grande générosité des croyants, mais ces études ne résistent pas à une analyse plus poussée, un biais important s'y glissait : toutes avaient inclu les dons aux églises ! Les expériences de psychologie sociale permettant d'éviter ce biais montrent que les deux populations se valent sur le plan de la générosité, de la morale et de la droiture (ne pas tricher) ainsi que de l'altruisme et de l'aide à autrui. Avec même un léger avantage pour les athées. Peut-être parce que ce n'est ni par peur d'une punition divine et sans perspective de récompense de la part d'un dieu. Une autre étude[1], récente, a été menée à partir de l'université de Chicago sur des enfants du monde entier âgés de sept à douze ans. Les enfants de familles religieuses ont été perçus comme plus moraux que ceux de familles athées quand on interrogeait les parents, mais quand on a proposé aux enfants de partager des autocollants avec des enfants qui n'en avaient pas eu, les enfants issus de familles religieuses ont moins partagé que

1. Decety, Jean, « The Negative Association Between Religiousness and Children's Altruism Across the World », *Curr Biol.* Vol. 25, pp. 1-5. Cité dans *Cerveau&Psycho* n° 73.

les autres. Les religieux aiment à se dire généreux et moraux, mais si on observe les conduites, ils le sont plutôt moins que les autres. Une hypothèse proposée par les psychologues est que les religieux ont moins besoin de manifester leur bonté puisqu'ils s'estiment déjà faire partie du camp des hommes bons du simple fait de leur appartenance religieuse. Ne nous méprenons pas, l'immense majorité des croyants n'est pas généreuse par peur de l'enfer ou pour gagner le paradis. Ils le sont… parce que tous les humains le sont.

Par ailleurs, une religion est loin d'être aussi monolithique qu'elle le semble. Au sein du catholicisme par exemple, certains croient à l'enfer et au paradis, d'autres non. On trouve des curés qui ne croient pas aux anges. Par ailleurs, un sondage de l'institut Sociovision[1] révèle que 14 % des personnes se déclarent rattachées à une communauté sans être croyantes. Elles se disent chrétiennes, juives ou musulmanes, mais ne croient pas en Dieu. Pour au moins 14 %, le fait de se dire appartenir à telle ou telle religion n'a donc rien de spirituel, mais répond à un besoin d'appartenance culturelle. Si la religion n'aide pas l'humain à devenir meilleur, elle a une fonction sociale, elle satisfait les besoins fondamentaux d'appartenance et d'identité. Elle permet à chacun de sentir qu'il a une place, si ce n'est pas sur terre, au moins dans le cœur d'un dieu. Et puis les croyants se rassemblent, prient ensemble, chantent ensemble, se sentant aussi faire partie d'un groupe.

1. Données issues de l'Observatoire France Sociovision 2014-2015.

Le sentiment d'appartenance dirige nombre de nos comportements. Il semble qu'il régisse aussi notre vote dans les urnes. « Les enfants héritent de leur famille d'origine des préférences partisanes stables, qui fonctionnent comme des repères et leur fournissent des grilles de jugement durables. » Les travaux d'Annick Percheron ont montré que la plupart des gens ont tendance à avoir la même position politique que leurs parents. Plus que par réelle réflexion et décision personnelle, notre adhésion aux groupes que sont les Églises et les partis politiques reflètent notre besoin d'appartenance.

Nos besoins d'appartenance nous incitent à la pérennisation, au maintien de l'existant, de repères qui nous paraissent fiables pour la seule raison qu'ils sont anciens.

Manger et boire ensemble

Agneau pascal ou agneau de l'Aïd el-Kebir, douze desserts de Noël en Provence, dinde farcie aux marrons de Noël… Les fêtes sont prétexte aux rituels gastronomiques. Au-delà du plaisir de la bouche, deux dimensions sont signifiantes, le partage et le rituel. Les mets apportent du plaisir au palais. Le partage a le pouvoir de transfigurer ce plaisir en joie. Déguster une cuisse de dinde aux marrons seul dans son petit studio, ça perd de son charme, surtout quand on la mange en février. Elle a le même goût, mais elle n'a pas du tout la même saveur, parce qu'elle n'a alors plus de sens. La volaille assure son rôle de rassembleuse à Noël. La commensalité, le fait de manger ensemble, est une dimension essentielle de la communion. Si nous mangeons les mêmes plats, c'est d'une part que rien n'est empoisonné, d'autre part que nous sommes semblables, en synchronie, donc amis. Les bonnes affaires se concluent autour d'un bon repas, parce qu'on est enclin à dire oui quand on se sent repu. On se sent proche de celui avec qui on dîne. Festins, banquets et autres ripailles ont de tout temps permis aux hommes de resserrer leurs liens, de ratifier des traités de paix et de faire des affaires.

« Allez, on trinque à ta victoire ! Santé à tous ! » L'alcool est souvent associé à la fête, tant et si bien qu'une personne qui ne boit pas est suspectée de « gâcher la fête » ! Jeune, je buvais volontiers apéritif, vin, puis digestif et je me montrais plutôt amatrice de bons vins. Un jour, j'ai pris conscience de la dimension automatique de ma consommation et de ce rituel social qui structurait tant mes relations que je ne savais plus si nous étions en lien les uns avec les autres ou chacun avec le vin… ou autrement dit, si l'alcool ne devenait pas un facilitateur social comblant une difficulté à rencontrer vraiment autrui. J'ai donc décidé de cesser de boire, complètement. Et l'expérience m'a tant apporté qu'elle a duré dix ans. En m'abstenant de toute consommation d'alcool, j'ai découvert que mes relations étaient plus profondes et plus authentiques. Éprouver de la joie est bien plus difficile quand on est alcoolisé. *Primo*, nous n'avons plus toutes nos capacités de réaction, notre corps ne nous obéit plus au doigt et à l'œil. *Secundo* nous buvons souvent pour fuir nos émotions, donc l'intimité ! L'alcool semble faciliter nos relations sociales. En réalité, il les altère. Il camoufle nos émotions et nous fait vivre en surface de nous-mêmes. On boit pour oser, mais on y perd en présence et en puissance. On boit pour le plaisir, mais on y perd en sensations. Que l'on soit homme ou femme, notre puissance sexuelle et donc notre jouissance est bien plus grande quand nous sommes sobres que lorsque nous avons bu. Sans boire, on peut prendre du plaisir à danser toute la nuit, sentir la joie de l'exultation du mouvement. Avec quelques verres dans l'estomac, si la danse peut être plus exubérante, on s'écroule assez rapidement !

Malgré sa réputation, l'alcool ne permet pas de s'amuser davantage. Il altère notre rapidité de réponse, nos perceptions, nos capacités à réfléchir, à danser et à aimer. Certes, il nous offre du plaisir, il sature d'opioïdes nos circuits neuronaux, mais il freine l'accès à la joie. Oh, on éprouve une certaine liesse, on apprécie le côté convivial, on ne sent plus les distances entre les personnes, on se sent fondu dans le groupe. Cette fusion, cette familiarité nous donnent un sentiment d'appartenance et de juste place… L'alcool lève les inhibitions et permet donc aux adultes trop perclus d'interdits d'oser ce qu'ils n'osent pas d'ordinaire. Peut-être à cause de la licence offerte par la fête des fous présente dans notre inconscient collectif, faire la fête a presque pris le sens d'avoir le droit de faire n'importe quoi. « On faisait la fête » semble dédouaner les excès sexuels et de boisson.

Nous utilisons les groupes, les rassemblements, pour donner de la légitimité à nos comportements sur le mode : « Si nous sommes nombreux à le faire, c'est que c'est bon. »

Exercice

Je m'offre une soirée festive avec des amis
sans boire d'alcool.

Et j'observe ce qui se passe en moi,
je note des différences que je n'avais peut-être
jamais perçues jusqu'alors.

Faire la fête

« Plus on est de fous plus on rit. » Le dicton se révèle juste, plus nous sommes nombreux à rire ensemble, plus l'effet de contagion est démultiplié. Écouter un disque chez soi avec les écouteurs dans les oreilles offre un super son, mais ne nous enthousiasme pas comme le fait le concert où nous partageons la liesse du public. Applaudir à tout rompre, crier, se lever, taper des pieds tous ensemble dope notre énergie. La joie de la fête, c'est la joie d'être ensemble, de chanter, de sauter, danser, s'embrasser. Le mot liesse dérive de l'ancien français *ledece*, du latin *laetitia* qui signifie allégresse, joie débordante et collective. *Lie* en ancien français signifie lien, liement, serrement, union et joie, joyeux. Anniversaires, fête des mères, des pères et des grands-parents, succès aux examens et réussites de concours sont autant de permissions de se retrouver pour célébrer. Du latin *celeber* : nombreux, en grand nombre, très fréquenté. Célébrer, c'est se rassembler nombreux pour fêter. Une personne est dite célèbre parce que les gens se rassemblent en grand nombre autour d'elle. Mariages, baptêmes catholique, orthodoxe, hindou ou musulman et autres communion et bar-mitsva, outre l'aspect du renforcement des croyances et du sentiment d'appartenance au groupe culturel ou religieux, sont autant d'opportunités pour réunir le groupe familial élargi et solidifier les liens. Autant d'occasions de liesse. Le nombre de mariages diminue en Occident. Aux États-Unis, la résistance s'organise et certains commencent à en proposer de faux ! Deux comédiens tiennent les rôles des mariés et les invités payent leur place. Les mariages sont des événements auxquels on s'amuse beaucoup et au sein desquels on se rencontre ! Pourquoi se priver de la fête quand le contrat traditionnel du mariage ne fait plus recette ? Comme si le simple fait qu'il s'agisse d'un mariage plutôt que d'une banale fête changeait quelque chose. Rituel, quand tu nous tiens…

Nous travaillons de nos jours beaucoup plus qu'au Moyen Âge. Célébrations religieuses, fêtes communautaires, mariages, processions, joutes, tournois, festins ponctuaient le calendrier. Ni congés payés ni week-ends, mais plus de quatre-vingt-dix jours de fêtes et foires. Près d'un jour sur trois chômé ! Toutes les sociétés ont ménagé des temps de liesse pour ressouder les liens et faire taire les révoltes. « Du pain et des jeux », disait Jules César. La fête réunit, pacifie, nourrit les besoins d'appartenance et d'expression. Rituels, réunions, danses, chants sont au service de la pérennisation du groupe social et de sa culture. Les fêtes familiales soudent la famille. Les fêtes religieuses soudent les croyants. Les fêtes votives organisées antan par chaque village en hommage à son saint patron permettaient de souder entre eux les villageois. Les fêtes jouent aussi un rôle de soupape.

Ripaille, boisson et sexe plus ou moins débridé, pendant la fête (presque) tout est permis, surtout le renversement des rôles, chacun peut sortir de son masque habituel, de son rôle social. Toutes sortes d'excès sont autorisées dès lors que c'est « pour faire la fête ». Nombre de festivités invitent à porter un masque, à se déguiser. Chacun pour quelques heures a le droit de sortir du rôle que la société lui a imposé. Cette liberté lui permet de supporter le joug le reste du temps. Venise, Rio, Nice, le carnaval annuel permet de renverser les hiérarchies. Carnaval, farandole, charivari tout à la fois nourrissent nos besoins d'exaltation, d'expression, de liberté et le sentiment de fraternité, d'être ensemble, de faire partie. Les fêtes consolident les liens sociaux et maintiennent l'ordre social établi.

Notre-Dame de Paris, le roman de Victor Hugo popularisé par Disney, nous fait revivre la fête des fous. Quasimodo, l'homme le plus bas de la hiérarchie, est élu roi. Porté en triomphe par la foule, il est le roi des fous pour la journée. Née dans les cathédrales de Paris et d'Autun, la tradition française de la fête des fous[1], ou fête des Innocents, est attestée depuis le XIIe siècle. Le 28 décembre commémore le massacre des Innocents à Bethléem, ces bébés de moins de deux ans tués sur ordre d'Hérode qui voulait ainsi être certain d'occire le futur roi d'Israël que les prophéties lui

1. Dossier de presse exposition « La fête au Moyen Âge », réalisée par la tour Jean-sans-Peur à Paris, 5 février-31 août 2014 au musée du château de Dourdan (91).

annonçaient[1]. Dans les églises, un jeune clerc était élu évêque des fous, occupait le siège épiscopal revêtu des ornements pontificaux. Les prêtres se masquaient, se maquillaient, se travestissaient, chantaient des chansons obscènes et dansaient. Ils mangeaient et jouaient aux dés ou aux cartes sur l'autel. Puis ils parcouraient les rues sur des chars. La fête autorise à briser les tabous. Bruyante, exubérante, paillarde, la fête des fous n'a pas été inventée par l'Église catholique. Elle dérive d'une ancienne fête de la Rome antique dédiée à Saturne, dieu de l'agriculture et du temps. Pendant les saturnales qui marquaient le solstice d'hiver, les esclaves devenaient pour un jour les égaux de leurs maîtres.

Les humains fêtent le 24 décembre et le 6 janvier depuis la nuit des temps. De nombreux dieux sont nés le 25 décembre d'une vierge, Sol Invictus (Soleil Invaincu), Mithra, Dionysos, Bacchus, dieu du vin, de la fête, de la transgression. Immédiatement après les saturnales se tenait la fête des sigillaires, le nom venant de ce que l'on s'échangeait des sceaux (en Latin *sigillum*) et petits objets de terre cuite, entre autres présents. C'est peut-être de là que vient la tradition de s'offrir des cadeaux à Noël.

Et si la joie de Noël n'était pas tant due au petit Jésus qu'à la réunion de toute la famille, pendant un moment où les conflits sont enterrés ? Le rituel nous inscrit aussi dans la continuité d'une tradition qui nous vient de très loin, nous met en phase avec une onde de mémoire d'un passé collectif.

---

1. Selon les historiens, il s'agirait d'une histoire construite pour s'accorder aux textes.

Quand l'histoire individuelle rejoint l'histoire collective

Si je suis si sensible à cette date du 28 décembre, c'est que c'est le jour de naissance de ma fille. Dans la nuit du 27 au 28 décembre 1993, à chaque contraction, le cœur du fœtus ralentissait. La sage-femme a déclenché l'alerte, il y avait un nœud sur son cordon, le bébé ne pouvait pas sortir seul. Elle est née par césarienne. Nous l'avons prénommée Margot, du prénom d'une petite fille que mon mari et moi avions trouvée si mignonne et pleine d'allant quelques mois auparavant à la piscine. Nous avons ensuite ensemble choisi un second prénom : j'ai proposé Alice, parce que c'est joli, parce qu'elle va au-delà des apparences, là où tout est possible. Contre toute attente, une idée s'est alors imposée à moi. J'ai insisté pour ajouter Marie en troisième prénom. Un choix étrange de ma part puisque je ne suis pas chrétienne. Je ne savais pas pourquoi, mais je voulais ce prénom. Des années plus tard, une spécialiste de la psychogénéalogie m'a interpellée sur cette date du 28 décembre et m'a raconté les enfants morts sous Hérode. Elle a souri à l'évocation du prénom de Marie. J'avais, selon elle, inconsciemment voulu mettre ma fille sous la protection de la vierge Marie. Plusieurs années plus tard, mon mari et moi avons acheté une usine à La Varenne Saint-Hilaire, dans la banlieue parisienne, pour y installer une école maternelle et primaire, accueillant des petits à partir de deux ans ! Cette école, pour diverses raisons, n'a jamais pu ouvrir. Il n'était pas facile à l'époque de proposer une alternative à l'école traditionnelle. Si les facteurs psychosociaux avaient indéniablement joué un grand rôle dans cet échec, je voulais en comprendre la signification dans mon histoire personnelle. Je me suis penchée sur mon arbre généalogique et j'ai découvert avec stupeur que mon grand-père maternel sous la pression de mon arrière-grand-mère (sa future belle-mère) avait dû vendre une usine de chaussures dans laquelle il se réalisait pour se consacrer à une activité qui lui plaisait nettement moins. Cette usine était sise à La Varenne Saint-Hilaire… J'appris aussi que ses parents avaient une maison dans cette ville et surtout qu'ils avaient perdu un bébé d'à peine deux ans, une fille. J'avais voulu créer une école maternelle et primaire, sans le savoir, dans une usine, à quelques centaines de mètres de leur maison. Je suis allée au cimetière Montparnasse, sur la tombe de la petite fille décédée, j'ai découvert son prénom : Marguerite. J'ai réalisé alors que j'avais prénommé ma fille Margot, compression de Marguerite. Elle est née le 28 décembre, jour de la fête des enfants morts avant deux ans. Notre histoire personnelle s'inscrivait dans la tradition.

Ce n'est encore que bien plus tard que j'ai réalisé que le prénom d'Alice renvoyait à l'arrière-grand-mère de mon mari, celle qui avait voyagé avec Teilhard de Chardin et Sylvain Lévy, le père spirituel de mon grand-père, Jean Filliozat… Point de rencontre entre nos familles trois générations avant nous. Margot, Alice, Marie. Tout a un sens. Je me souviens que si elle avait été un garçon, nous l'aurions prénommé Antonin. À l'époque, c'était parce que ce prénom sonnait joliment à mes oreilles. Une recherche sur Internet m'apprend ce jour que l'empereur Antonin, dit « le pieux », non seulement a régné vingt-cinq ans sans mener son peuple dans aucune guerre, mais sa première mesure en arrivant au pouvoir a été l'abrogation des lois d'Hadrien qui interdisaient la religion juive. Quel rapport ? Le père de Margot est juif, même si non pratiquant.

Hérode, roi des juifs, bébé de moins de deux ans, Antonin, Marguerite, Margot… Notre inconscient veille à remettre sur le métier la trame des situations non achevées, à relier les fils et tisser des liens. Dans cette vie, nous sommes libres… d'accomplir ce qui doit l'être, apportant chacun notre pierre, écrivant notre page pour aller plus loin que nos ancêtres.

La plus grande joie de ma vie, la naissance de ma fille, mon premier enfant, s'inscrit dans l'histoire et parle à travers les mythes. Nous ne sommes pas seuls, nous appartenons à une culture, à une histoire, nous poursuivons le travail de conscience initié par nos ancêtres, nous recevons cet héritage transgénérationnel à transformer.

Ouvrir la perspective, appartenir à la planète

Prendre conscience de notre inscription dans le transgénérationnel nous permet de mesurer que notre histoire ne commence pas avec notre naissance et ne se termine pas avec notre décès. Nous sommes un maillon dans la chaîne de la vie. Si nous remontons aux premiers ancêtres, nous rencontrons les premiers parents de la famille humaine. Se définir comme citoyen du monde, se sentir appartenir à l'humanité, au-delà des cultures et des ethnies, apporte un grand sentiment de sécurité et de liberté. Chaque jour, nous pouvons cultiver cette conscience d'être un membre de l'humanité, d'appartenir à la planète.

Quand Julie achète du café éthique, issu du commerce équitable, elle n'achète pas seulement du café pour sa consommation personnelle. Cela lui permet de se sentir en lien avec les personnes qui ont cultivé ces grains, qui les ont fait sécher et les ont emballés. Les distances sont abolies et la sensation de liberté est bien plus importante que lorsqu'on achète un paquet de café lambda. Les grandes marques le savent bien, elles font leur publicité autour de cette expansion de conscience, de ce sentiment de lien et de liberté que nous éprouvons quand nous réalisons que ce café dans notre tasse est relié au soleil, au farniente, aux rythmes musicaux endiablés, aux plantations de caféiers… Hélas, leurs images idylliques sont peu en rapport avec la réalité.

Quand le sentiment d'appartenance n'a plus de frontières, nous nous sentons si vastes, une joie profonde surgit, associée au sentiment de gratitude.

L'aspiration à appartenir

Le sentiment d'appartenance nous relie profondément à notre famille, à notre groupe social, notre tribu, à l'espèce humaine, à l'univers. Il existe toutes sortes de groupes. Il y a les groupes naturels ou historiques, formés par les personnes avec lesquelles nous avons vécu, traversé des épreuves, et des groupes qui se sont constitués autour de leaders, d'idées, d'activités communes. Nous appartenons tous à de multiples groupes. Les études montrent d'ailleurs que la dispersion est plus constructive que l'engagement unique, tout au moins sur la confiance et l'estime de soi. Notre dépendance vis-à-vis de chaque groupe sera fonction de notre histoire personnelle. Si nous avons été aimés dans notre enfance, nos engagements seront plus libres. Si nous avons été rejetés, mal accueillis et n'avons pas eu de place dans notre famille, dans notre tribu d'origine, nous allons chercher d'autant plus à adhérer fortement à une corporation professionnelle, à un parti, voire à une secte ou un groupe extrémiste. Les groupes proposant une forte identité, c'est-à-dire se différenciant clairement des autres, et surtout se réunissant souvent, nourrissant la soif d'appartenance des candidats, recruteront facilement les brebis sans troupeau.

Dans un film documentaire sur la violence[1], un jeune des cités confie : « T'as quinze ans. Tu regardes dans la cour, il y a des groupes. Il faut se faire accepter. Tu regardes, tu choisis, tu comprends ce qu'il faut faire. Tu commences à parler comme eux, à montrer que tu te laisses pas faire, à être violent parce qu'il faut se faire respecter. » Ce bout de film est pathétique parce qu'on y comprend bien que ce jeune n'est devenu délinquant que parce que c'était la seule solution pour lui pour se faire accepter. Dès qu'un autre groupe lui a donné une place, il a lâché la violence.

---

1. *État de violence – Comme une vague*, de Gabriel Gonnet, DVD pédagogique, La Cathode, 2004.

Nous sommes prêt(e)s à tout pour avoir une place, être accepté(e)s par notre tribu. Les adolescents passent parfois de groupe en groupe, cherchant leur identité, une confrérie, leur cercle d'appartenance. Ceux qui ne parviennent pas à être acceptés dans les bandes qui se forment à l'école vont en chercher d'autres ailleurs pour nourrir ce besoin essentiel.

Nous sommes des milliards sur terre. Il n'est pas facile de se sentir simplement appartenir à l'espèce humaine. Dans un trop grand groupe, nous nous sentons souvent isolés et allons chercher des alliances avec quelques-uns. Nombre de problèmes de violence viennent du fait que notre société contraint des individus à vivre ensemble sans procéder à aucune régulation. Une classe par exemple est un groupe artificiel. Les enfants n'ont en commun que leur âge et leur quartier. Fatalement, si rien n'est fait pour leur permettre de tisser des liens entre eux, ils vont se scinder en bandes qui vont s'opposer les uns aux autres. Parce que c'est inscrit en nous. Nous avons absolument besoin de nous sentir appartenir à un groupe. Et notre groupe, pour être identifié en tant que tel, doit se distinguer des autres. De même dans la cour du collège, du lycée, et dans la cité. Dans une cité, les jeunes et les moins jeunes se côtoient étroitement, la plupart n'ont en commun que le manque d'argent pour aller vivre ailleurs. Le côté impersonnel des grands bâtiments est souvent souligné. Les gens se côtoient par obligation sans être reliés. Se sentant isolés, ils fondent des groupes d'appartenance, revendiquent leur appartenance à une ethnie, adhésion à une religion, à tout ce qui sépare et distingue. Les groupes entrent en compétition. Et c'est l'engrenage.

Ensemble, on est plus forts

Pour réduire la violence, la technique des États totalitaires est d'interdire les rassemblements. Une autre voie est de structurer des espaces de parole, permettant à chacun de se dire et de découvrir l'autre. Quand chacun, dans un cadre sécurisé et sans jugement, peut mettre des mots sur son vécu, il suscite une empathie naturelle chez ceux qui l'écoutent. Des liens se tissent. C'est le pari de la thérapie sociale créée par Charles Rojzman[1] qui ne manque pas d'opérer sa magie chaque fois qu'elle est mise en œuvre, que ce soit dans des cités ou d'autres contextes. La thérapie sociale permet à chacun d'exprimer son vécu, sa colère, sa détresse, ses aspirations, et développe l'empathie mutuelle et l'envie de coopérer. Et sur cette base de confiance, un projet commun peut naître. Un projet qu'ils auront à cœur de suivre parce qu'ils auront chacun participé à l'élaborer.

Notre peuple a rêvé de démocratie et a fait la révolution. Hélas, il n'est pas simple de faire du neuf. Les belles idées ne suffisent pas, il nous faut mettre en place de nouvelles structures permettant à chacun de s'exprimer et de participer efficacement à la vie de la cité. Quand nous manquons de connexion les uns aux autres, nous nous dressons les uns contre les autres, individuellement ou en groupes. Quand nous recourons à l'intelligence collective, nous sommes bien plus productifs, et la joie est double, trouver de nouvelles

1. Rojzman, Charles; Rothenbühler, Igor, *La Thérapie sociale*, éd. Chronique sociale.

idées et partager. Quand on se parle, quand on se rencontre, quand on s'écoute, quand chacun développe de l'empathie pour autrui, connectés, nous sentant en sécurité, naît l'envie d'élaborer des projets, de résoudre les problèmes, de construire ensemble. Diverses structures permettent de stimuler l'intelligence collective. Parmi elles, le Forum ouvert ou Open Space Technology que j'ai découvert au sein du mouvement des Colibris[1]. Le Forum ouvert ou Open Space Technology a été mis au point par Harrison Owen aux États-Unis dans les années 1980. Après avoir organisé un congrès qui s'était très bien déroulé, un ami lui aurait confié : « Tu sais quoi, Harrison, c'était génial, mais le meilleur, c'était les pauses café. » Owen s'est alors mis au défi d'organiser une conférence qui ne se déroulerait qu'en pauses café. Pour cela, il s'est inspiré d'usages dont il avait été témoin dans un village africain. Un Forum ouvert permet de traiter de sujets complexes et de produire en peu de temps des mesures concrètes d'une grande diversité. Le tout, en faisant appel à chacun des participants et non à une tête pensante qui réfléchit pour les autres. J'aime particulièrement la règle des deux pieds qui permet d'une part de ne jamais s'ennuyer en réunion et d'autre part de conserver des réunions actives dans lesquelles chacun participe : soit je contribue, soit j'apprends, soit, et sans avoir à me justifier, j'utilise mes deux pieds pour aller butiner ailleurs. Cette règle montre combien il est utile et important de ne pas perdre de vue l'axe vertical de notre identité, notre pouvoir personnel, celui par lequel

---

1. Mouvement créé à l'initiative de l'agroécologiste Pierre Rabhi. https:// www.colibris-lemouvement.org

nous existons, celui qui nous permet de nous dresser, pour résister à la tentation de se fondre dans la masse.

Influence groupale

Toute réunion procure de la joie. C'est super et parfois dangereux. L'histoire l'a démontré maintes et maintes fois. « Pourquoi les politiques font-ils des meetings alors que chacun pourrait lire le texte du discours sur Internet et voter après l'avoir lu ? » m'interrogeait mon dentiste alors que j'avais la bouche maintenue ouverte par ses écarteurs. Il a le don de me poser de grandes questions philosophiques alors que je suis immobilisée et ne puis répondre que par des borborygmes incompréhensibles. Peut-être est-ce une tactique pour distraire mon attention de la roulette ? Je peux ici tenter une réponse : Et si justement les politiques, dans leur grande majorité, préféraient que nous ne réfléchissions pas ?

Quand on est groupés et nombreux à être amenés à faire des choses ensemble comme applaudir tous au même moment, scander de concert les mêmes mots, lever les bras et faire une ola, nous sommes enclins à accepter les idées présentées comme bonnes. Différents raisonnements autorenforçants se conjuguent :

– Je me sens bien parce que je me sens faire partie d'un groupe. Puisque je me sens bien, c'est que ce qui est dit est bon !

– Le leader parle sur l'estrade avec un micro. Les gens applaudissent ce leader sur la scène = Cet homme a du pouvoir = C'est donc un *bon* leader.

– Nous sommes nombreux à écouter et entendre ces idées, c'est que nous les partageons, et nous en concluons qu'elles sont donc bonnes.

– Si le groupe est minoritaire, il utilisera la stratégie du contraste : « Les autres à l'extérieur sont nombreux, ils sont des moutons aveugles, notre groupe est différent. » Ce qui nourrit le besoin de se différencier, d'avoir une identité propre. Et donne le sentiment d'avoir du libre arbitre : J'appartiens à un groupe minoritaire = Je ne suis pas un mouton = J'ai mon libre arbitre, mon esprit critique = Je suis dans le vrai.

Depuis toujours, les dirigeants manient le pouvoir du groupe. Les grands rassemblements des politiques permettent aux personnes présentes d'éprouver cette exaltation d'être ensemble, de se sentir appartenir, de faire partie de… Quand nous sommes nombreux à nous reconnaître comme semblables, nous nous sentons forts, protégés. Se fondre dans le groupe est délicieux. Notre responsabilité est diluée. Moins nous nous réalisons personnellement, plus nous avons besoin d'être en groupe, de nous sentir appartenir à un mouvement plus grand que nous, pour donner un sens à notre existence. C'est là que réside le danger d'être séduit par des groupes organisés pour recruter, les partis extrémistes, les sectes. Un discours de haine va aider, car il permet aux membres de transformer leurs sentiments d'insatisfaction et d'impuissance en projections haineuses. Ensuite, l'appartenance au groupe est autorenforçante. Je suis dans un groupe = J'éprouve de la joie : Ceci est ma place = Je suis à ma place = Je suis dans le vrai = Ce que dit le groupe est vrai.

Nous éprouvons de la joie à nous sentir appartenir à un groupe. Attention, que cela ne se retourne pas contre nous et ne nous fasse pas adhérer à des valeurs qui en définitive ne sont pas les nôtres. Nous sommes des animaux sociaux, donc de troupeaux. En troupeau, nous nous sentons en sécurité et en concluons que nous sommes dans le vrai. Nous avons aussi tendance aux biais des animaux de troupeaux, nous attendons de voir comment les autres réagissent pour décider de nos actes. Gardons en mémoire l'expérience menée par Solomon Ash[1] en 1951. Elle devrait être enseignée à l'école. Ce psychologue social a proposé à un groupe d'étudiants de participer à un test de vision, une évaluation de la longueur comparée de traits verticaux sur de grandes cartes. En réalité, il s'agissait d'une expérience de psychologie sociale ayant pour but d'observer comment les étudiants allaient réagir à la pression des autres.

Laquelle des trois lignes sur la droite est égale en longueur à la ligne modèle de gauche ? Sept sujets répondaient tour à tour. Les étudiants étaient mêlés à des acolytes qui donnaient au début la bonne réponse puis, dès le troisième essai, avançaient unanimement la même fausse réponse. Le sujet « naïf » étant l'avant-dernier à répondre. Au début, le sujet naïf est surpris par les réponses des autres. Puis il devient

1. https://www.youtube.com/watch?v=7AyM2PH3_Qk

de plus en plus hésitant. Au bout de quelques tours, 36,8 % des gens finissent par se conformer aux mauvaises réponses soutenues à l'unanimité par le groupe.

Le sujet croit spontanément que le groupe a raison. Il lutte contre ses propres perceptions. Si certains savent qu'ils ont raison, mais se conforment en parole, les autres nient leurs propres perceptions et adoptent l'avis du groupe. Dès lors qu'ils ont au moins un partenaire qui « voit comme eux », ils se sentent soutenus et résistent mieux. Mais l'unanimité du groupe fait fondre nos préventions. Cette tendance au conformisme social est interpellante. Près de 37 % d'entre nous sont prêts à nier ce que nos yeux voient pour nous conformer à la pression du groupe. L'expérience a eu lieu en 1951, elle a été reproduite dans divers laboratoires, avec des résultats semblables. On aurait pu penser alors qu'un vaste programme gouvernemental d'éducation aurait pu être lancé pour contrecarrer cet effet délétère pour notre démocratie. Il apparaissait impératif d'enseigner aux enfants à savoir dire non, à oser penser différemment, à faire confiance à leurs sens, à ne pas se conformer. Las, plus d'un demi-siècle plus tard, la plupart des enseignants et des parents demandent encore obéissance et conformisme. Il semble que nous ayons du mal à entendre les leçons de l'histoire. Cet esprit d'obéissance, ce conformisme au groupe a permis les massacres de masse. Individuellement, les gens sont sensibles et peu enclins à tuer. Lorsque tout un groupe se soulève, il est extrêmement difficile de résister à la pression sociale. Les auteurs des massacres se « réveillent » après avec un sale goût dans la bouche. Ils n'ont pas vraiment voulu ça. Ils disent avoir cru vraiment que les autres n'étaient que des animaux, des ennemis à abattre… Rares sont ceux qui ont su garder la tête froide. Plus quotidiennement, nous sommes souvent amenés à agir contre nos valeurs dans l'entreprise. Combien de fois nous taisons-nous en réunion alors que dans les couloirs nous critiquions la politique du boss ? Nous attendons qu'un meneur de troupeau prenne la parole, pour ne le suivre que si la majorité se rallie rapidement à lui. Sinon, nous le lâchons, même s'il avance les arguments mêmes que nous lui avions fournis devant la machine à café.

Aspiration à se fondre dans le groupe, appel à la fusion, à la synchronie, l'appartenance nous apporte ce bien-être quand nous sommes en famille, ce sentiment océanique quand on partage des émotions dans une foule, mais il peut nous jouer des tours dès lors qu'il n'est pas compensé par la conscience de notre axe d'individuation.

Exercice

> *En famille ou avec des amis, je propose de chanter une chanson mimée, un chant mimé, une comptine à doigts. J'éprouve le pouvoir des gestes synchrones sur mon humeur. Je comprends l'immense succès de La Danse des canards, Gangnam Style ou toute chanson simple, répétitive, avec une chorégraphie rythmique facile à imiter.*

3.

L'axe de l'identité

Appartenir nous permet de nous sentir en sécurité. Nous éprouvons de la joie dans la connexion : c'est la joie horizontale. Mais à trop la cultiver, nous pouvons ne plus nous sentir exister pour nous-mêmes. Voire ne pas repérer que le groupe nous écarte de nos valeurs.

À la question *Qui suis-je* ?, nous avons tendance à répondre par des attributs, un statut, une fonction, des diplômes, un tempérament… « Je suis quelqu'un qui… Je suis timide / Je suis un colérique… » Ce que nous appelons notre Moi n'est souvent qu'une représentation, une image. Notre sentiment d'identité, pour être solide, est un sentiment profond de soi qui procure de la joie, repose sur nos sensations intéroceptives et proprioceptives, la conscience de nos émotions propres et de nos valeurs propres, distinctes de celles du voisin.

Se distinguer, c'est exister en tant que personne, se sentir soi, différent d'autrui. Exister, le mot dérive du latin classique, *ex(s) istere* : « sortir de, se manifester, se montrer. Le préfixe *ex-* souligne l'extériorisation, *sistere* : se tenir debout. J'existe quand je ne me fonds pas dans le groupe et me dresse. Si l'axe horizontal nous inscrit dans la réceptivité, dans le lien, le maintien de l'existant, l'axe vertical nous met en mouvement, c'est l'axe de l'évolution, de l'individuation. Nous avançons sur cet axe vertical dirigé vers le futur, notre passé derrière nous.

Pulsion de croissance

Une graine… un peu d'eau, et c'est le déclenchement du processus enzymatique qui va réveiller la graine, la faire germer. Cette énergie qui anime tout processus de croissance, certains le nomment ki ou chi, énergie vitale, radix… La joie naît naturellement quand ce chi anime chacune de nos cellules. Il y a une direction, du passé vers le futur, mais cette direction est-elle téléologique[1] ? Certes, quand nous voulons des coquelicots dans notre jardin, nous achetons des graines de coquelicot. Mais la graine n'a pas pour but le coquelicot. Elle existe, elle est le produit d'un parent coquelicot et contient toute l'information qui permettra de faire naître un nouveau coquelicot. La graine se réalise et devient une pousse, puis une plante spécifique. Nous éprouvons de la joie lorsque nous nous sentons grandir et devenir celui que nous nous sentons être au fond de nous, quand nous réalisons le programme pour lequel nous sommes sur terre, quand nous avons le sentiment d'accomplir notre mission. Lorsqu'on se sent avancer sur un chemin, sur son chemin, on sécrète adrénaline, testostérone, dopamine… Même quand la route

1. Téléologique : *orienté vers une finalité prédéterminée.*

est un peu ardue, cela nous donne le courage d'avancer, et la joie est là !

« J'adore cette montée à vélo », déclare Luc en montrant une route pentue alors que nous passons en voiture. Je suis interloquée. Si je m'imagine à vélo sur cette côte, je me projette souffrant à chaque coup de pédale. Comment peut-il éprouver du plaisir à ce qui fait souffrir ? Pire, il me confirme qu'effectivement lui aussi peine à monter cette côte. Mais lui déguste cette douleur musculaire qu'il sait pouvoir dépasser, tandis qu'elle me terrasserait.

« Je m'éclate dans mon boulot, confie Marianne, je travaille dans le monde de la grosse machine-outil. J'adore le monde de la machine-outil, c'est très technique… » Ah ? On peut éprouver de la joie dans la grosse machine-outil ?

Une inspectrice des impôts vient contrôler les comptes de ma société. Quand j'évoque ce contrôle, j'entends souvent autour de moi des commentaires : « Comment peut-on faire ce métier ? Ces fouineurs prennent un malin plaisir à éplucher les comptes. » À la fin du contrôle, j'écoute cette femme me décrire comment elle a procédé pour déceler une erreur. Je suis fascinée et tout à coup je prends conscience. Son plaisir n'est évidemment pas d'exercer du pouvoir sur les gens, mais de faire une enquête, de trouver l'erreur, d'exercer ses talents de détective. Oui, sur un dossier particulièrement épineux et complexe, elle peut éprouver cette sensation de *flow* de la joie de se réaliser.

Chacun trouve sa joie en exerçant ses compétences spécifiques. Certains dans les chiffres, d'autres dans les muscles, d'autres dans la musique, la danse, la peinture, les mots ou les machines-outils... Le simple exercice de nos compétences, si on s'y donne à fond, suscite de la joie. Un enfant qui vient de découvrir la marche ne cesse de marcher, il pique des colères si on l'en empêche et il exulte de sentir ses jambes le soutenir et le faire avancer. Les enfants libres d'apprendre à leur rythme peuvent s'absorber pendant des heures et des jours dans l'étude du chinois, du piano ou de la tectonique des plaques. Les échecs ne freinent ni le bambin qui tombe de multiples fois avant de réussir enfin à marcher, ni l'enfant qui rencontre des énigmes, des difficultés techniques, des incompréhensions, des équations complexes sur le chemin de ses découvertes.

Le *flow*

Nous avons tous expérimenté un jour ou l'autre cette ivresse d'être totalement impliqués dans l'action, cette sensation de maîtrise, ce sentiment d'exaltation, cette joie sans limite. Mihaly Csikszentmihalyi l'a nommé sentiment océanique, expérience optimale ou *flow* et l'a étudié en interviewant des personnes de tous sexes et âges dans le monde entier. Tout autour de la planète, les gens ont décrit comme les plus heureuses de leur vie non des moments calmes et confortables, mais des périodes de combat contre soi-même, d'effort intense, de tension vers un but, des instants pendant lesquels le reste du monde n'existe plus. On rencontre l'état de *flow* dans la création, dans le travail, dans le dépassement de soi, dans le sport, la danse… Il est nourri par le pouvoir et la connexion. Cette expérience optimale ne se produit pas lorsque nous sommes relaxés et bien installés dans notre canapé cuir acheté dans un paradis de la consommation. Elle survient quand nous dépassons nos limites, que ce soit dans la poursuite d'un objectif qui a de la valeur à nos yeux, ou parce que nous nous immergeons dans une activité autotélique, c'est-à-dire sans autre but que la profonde satisfaction qu'elle nous procure. Une condition ? Que notre conscience soit ordonnée et non éparpillée. La poursuite d'un but apporte de l'ordre parce que alors nous focalisons notre attention sans nous laisser distraire, notre énergie est canalisée. Au lieu de se dissiper, elle est concentrée, orientée et nous porte au septième ciel.

Nous rêvons d'avoir de l'argent, une belle maison, un superbe mannequin pour femme ou un richissime Rambo pour mari, mais en réalité, rien de tout cela ne peut nous rendre heureux, car la joie naît dans l'état de *flow*, dans l'effort comme le souligne Mihaly, sur *le chemin le moins fréquenté* dit Scott Peck. L'expérience optimale, la joie, naît de la concentration dans l'accomplissement d'une tâche un peu difficile nous obligeant à développer nos talents. Avoir tout pour être heureux n'apporte pas de joie.

On parle de se dépasser, il s'agit en réalité de dépasser nos certitudes, nos limites, de grandir et de devenir celui que nous avons envie d'être. Notre corps comme notre mental sont faits pour le dépassement. Les culturistes savent que chaque fois qu'ils vont un tout petit peu plus loin, leur corps aura appris le chemin et se réparera, se préparera à le refaire, ainsi ils progressent. Ce qui semble impossible au début devient peu à peu possible. Nous pouvons devenir la personne que nous avons envie d'être, cela se nomme réalisation de soi.

Se réaliser

Dans « se réaliser », il y a deux mots fondamentaux. *Se* et *réaliser*. Se réaliser, c'est tout simplement devenir la personne que nous sommes. Se réaliser pour une graine de tournesol, c'est devenir une fleur de tournesol. Pour une graine de courge, ce sera devenir une courge ! La mission de chacun est de développer son talent propre. Problème, nous ne connaissons pas toujours notre talent. D'autant que tant nos parents que le système scolaire ont tenté de nous comparer à une norme, de limiter nos différences, de nous faire « rentrer dans le rang ».

Abraham Maslow, considéré comme le fondateur de l'approche humaniste en psychothérapie a été l'un des premiers psychologues à souligner l'importance pour les humains de la réalisation de soi. Sa célèbre pyramide des besoins est enseignée partout dans la formation professionnelle des soignants, coachs et psychothérapeutes, et jusque dans les cours de management. Le socle de la pyramide, ce sont les besoins physiologiques de base. Juste au-dessus, la sécurité. Les besoins sociaux et d'appartenance viennent après. Maslow pose au-dessus le besoin d'estime de soi et enfin la réalisation de soi dans la pointe en haut. Son triangle a pu montrer combien chacun avait d'abord besoin de manger, boire et avoir un toit avant de s'occuper de se développer. Un enfant a besoin de se sentir en sécurité pour explorer. Un élève doit se sentir accepté et en lien pour apprendre. Un salarié donnera le meilleur de lui-même s'il est reconnu et se sent appartenir à un groupe. Mais parfois, cette pyramide a été vue de manière un peu rigide. Il faut d'abord ceci, puis cela. En réalité, les expériences de Harry Harlow[1] ont montré combien l'attachement est primordial, combien le besoin de se sentir relié peut prendre la priorité même sur boire et manger – (car à quoi ça sert de vivre si on n'est pas aimé, si on n'a pas de place dans le groupe humain ?). De même, la poursuite de nos idéaux peut parfois se montrer pour nous plus essentielle que notre survie. Un homme est capable de faire la grève de la faim pour ses idées, de s'immoler par le feu pour défendre les droits de ses concitoyens. Gandhi, Martin Luther King, Nelson Mandela, mais aussi tant de personnes qui n'ont pas eu leurs noms publiés dans les journaux, ont risqué leur liberté, leur santé et leur vie pour leurs idées, ou plus exactement pour les droits de l'homme, leur sécurité personnelle passant après. Le leader n'est rien sans les gens qui le suivent, le soutiennent et agissent autour de lui. Tout un chacun a besoin d'avoir le sentiment qu'il accomplit quelque chose sur terre. Apporter sa pierre à l'édifice, contribuer à la société, chacun selon ses moyens et compétences, est un besoin fondamental.

---

1. Harlow Harry, https://youtu. be/_060TYAIgC4
Blum, Deborah, *Love at Goon Park: Harry Harlow and the Science of Affection*, Perseus Publishing.

Quelle sera ma rime ?

La joie surgit quand on se dévoue à une cause, quand on agit dans le sens de ses valeurs, quand on a le sentiment de contribuer à l'édification d'une cathédrale et non seulement de tailler un caillou. Chaque pas nous permet d'avancer vers notre idéal, ça s'appelle « se réaliser ». Nous sommes alors infatigables et rayonnants. Vous souvenez-vous de cette réplique dans le film *Le Cercle des poètes disparus* ? Le prof, incarné par Robin Williams, récite un poème de Walt Whitman :

Quel est le sens de la vie ?

Que la vie existe et l'identité

Que tu es ici

Que le prodigieux spectacle continue

Et que tu peux y apporter ta rime

Puis il s'adresse aux jeunes autour de lui : Quelle sera votre rime ? Apporter sa rime c'est contribuer, utiliser ses compétences propres à quelque chose qui a un sens pour nous. Apporter sa rime, comme le dit joliment Walt Whitman, suppose la liberté de ses choix et donc la libération de nos conditionnements. Nous avons chacun à accomplir un travail d'individuation. Devenir soi-même. Répondre à cette question fondamentale : Qui suis-je ? Pour cela, nous avons à nous libérer peu à peu des schémas parentaux, mais aussi du conformisme et de l'influence sociale.

Est-ce *ma* réussite ?

Une grande chanteuse remplissait des salles de plus en plus grandes. À chaque nouvelle ovation du public, elle se demandait : « Qu'est-ce que je fais là ? » Elle se sentait vide, vide et seule malgré la notoriété et les succès répétés. Alors elle se disait que ce n'était pas encore assez, qu'il lui fallait aller plus loin encore, mobiliser d'encore plus grandes salles, vendre encore plus de disques… Puis, un chemin de thérapie lui a permis de prendre conscience qu'elle faisait ce métier pour recevoir l'amour et la reconnaissance qu'elle n'avait pas reçus enfant. Que des dizaines, des centaines de milliers de personnes l'écoutent et la regardent ne comblait pas le fait que ni sa mère ni son père ne l'écoutaient ni ne la regardaient. Une fois qu'elle a identifié cela, elle a pu se mettre à chanter… pour chanter, pour la joie de s'exprimer. Sa voix s'est transformée. Et désormais, chaque applaudissement du public, chaque seconde sur scène la remplit de joie.

Avoir des buts, des objectifs et les réaliser permet d'éprouver la joie. Mais nous connaissons tous des personnes qui réussissent des tas de choses, accumulent les succès et ne sont pas heureux pour autant. La course aux diplômes, aux succès, à la réussite financière, ne produit que du vide intérieur quand le but secret est d'être reconnu, quand on fait quelque chose pour plaire, pour être aimé, pour ne pas être rejeté, parce qu'on nous a dit qu'il fallait le faire ou pour être parfait… Quand nous faisons ce que nous faisons pour être aimé, pour être vus par nos parents. Nous poursuivons un but fixé par autrui, selon leurs critères. Cela se nomme la référence externe. Parce que les critères sont les leurs et non les nôtres, nous n'avons pas de sentiment de réalisation. Atteindre le but nous éloigne chaque fois de nous-mêmes. D'autant que, la plupart du temps, nos parents ne nous voient alors pas davantage et il nous faut en faire toujours plus pour obtenir un signe d'appréciation ! Nous ne le savions pas, mais le fait qu'ils ne nous regardent pas n'a jamais été lié au fait que nous ne les satisfaisions pas en n'étant pas assez bon, c'était dû à leur propre enfance !

En revanche, suivre son élan intérieur, défendre ses propres valeurs, œuvrer en direction d'une référence interne permet de se sentir soi et de se réaliser. L'IRM fonctionnel apporte un éclairage sur la question. Dans la même activité, selon que la référence est interne ou externe, ce n'est pas la même zone du cerveau qui s'active ! En référence interne, c'est le cerveau préfrontal qui s'allume. Celui du libre arbitre !

Exercice

Ce à quoi je consacre tant d'énergie dans ma vie,
mon travail, ma maison, mes réalisations…
Est-ce vraiment MON choix ?
Ou serais-je en train de chercher à prouver ma
valeur à quelqu'un de mon passé ?
Quel est mon élan intérieur ?
Qui suis-je ?

Le chemin le moins fréquenté

Scott Peck le rappelle dès l'entrée dans son best-seller *Le Chemin le moins fréquenté*: la vie est difficile. Et se voiler la face en espérant passivement des jours meilleurs ne nous mènera pas au bonheur. Ilios Kotsou dans son livre *Éloge de la lucidité*[1] nous le dit aussi. La psychologie positive n'est ni l'idéalisation ni le monde des bisounours. Ouvrir les yeux et prendre à bras-le-corps la réalité nous apporteront davantage de joie que d'attendre que les choses s'arrangent d'elles-mêmes ou de rêver passivement à des jours meilleurs.

Des expérimentateurs ont décidé de compliquer la vie aux huit singes rhésus de leur laboratoire. Pendant six mois, ils ont glissé de la nourriture dans du gazon synthétique posé pour l'occasion dans les cages. Les singes devaient gratter, fouiller dans l'herbe pour trouver à manger. Résultat ? Plus le temps consacré à la récolte était long, plus les comportements aberrants dus à la captivité ont diminué[2]. Parfois, nos enfants ont des réactions d'animaux en cage. Au lieu de leur « poser des limites » et de resserrer ainsi les barreaux tout en leur donnant tout « tout cuit », nous pourrions leur redonner de la liberté d'exercice. Les enfants d'aujourd'hui non seulement

1. Kotsou, Ilios, *Éloge de la lucidité: Se libérer des illusions qui empêchent d'être heureux*, Robert Laffont, 2014 (Poche Marabout, 2015). Prix Psychologies de l'essai 2015.

2. Bayne, K. ; Dexter, S. ; Mainzer H. ; McCully, C. ; Campbell, G. ; Yamada, F., « The use of Artificial Turf as a Foraging Substrate of Individually Housed Rhesus, Monkeys (MACACA MULATA), *Animal Welfare*, vol. 1, n° 1, février 1992, pp. 39-54 (16).

ne recherchent plus leur nourriture, mais n'imaginent même pas qu'elle ait eu besoin de préparation puisqu'elle est souvent achetée en plats industriels. Et surtout, ils ont des jouets tout faits, rien à construire, rien à imaginer… Des jouets qui ne demandent pas de travail, pas d'effort. Comme si nous avions oublié que le plus important n'est pas d'avoir, mais de faire.

Amélie, directrice dans une grande entreprise, a fait beaucoup d'efforts pour arriver là où elle est. Elle aime aider les autres et elle a envie d'aider Agnès, une jeune fille de vingt-deux ans de son village d'origine. Elle l'a fait engager par sa société à un bon poste, le tout assorti d'un salaire déjà conséquent pour son âge. Comme la jeune fille débarque tout juste de son village, Amélie lui prévoit un hébergement. Elle lui trouve un petit deux-pièces, et le meuble. Au bout de quelques mois, Agnès tombe amoureuse d'un salarié de l'entreprise. Amélie lui donne une belle prime pour son mariage. Bref, la jeune Agnès était comblée ! Plus que comblée. Avant même d'avoir l'occasion de désirer quelque chose, elle l'avait, sans avoir à produire d'effort. Un rêve ! Vraiment ?

Un jour, elle a lancé ses quatre vérités à la figure de sa bienfaitrice et a claqué la porte. Amélie se lamente dans mon cabinet : « J'ai tout fait pour elle, elle avait tout ! Je n'attendais rien, mais tout de même, elle aurait pu manifester un peu de gratitude. »

Cette plainte est si récurrente : « Je lui ai tout donné et voilà comment il me remercie. » Ou encore : « Quand elle m'invite, j'apporte tout le temps quelque chose, pour qu'elle n'ait pas à préparer, et maintenant, elle m'évite ! » Le décor est planté, d'un côté un(e) généreux/se, de l'autre, un(e) ingrat(e) ! Si l'aventure est si récurrente, c'est qu'elle suit des lois humaines inconscientes. D'une part, le/la généreux/se ne laisse pas l'autre lui offrir quoi que ce soit, donc ne respecte pas la règle de réciprocité, d'autre part, il prive son obligé de liberté. Car oui, celui qui reçoit est « l'obligé ». Agnès a claqué la porte parce qu'elle n'en pouvait plus. Elle avait tout le confort possible, tout lui avait été facilité au maximum, elle avait « tout pour être heureuse », mais elle ne l'était pas. Sans savoir vraiment mettre de mots dessus, elle se sentait juste mal, et a projeté ces sentiments mêlés sur sa donatrice, cette femme qui lui avait tant apporté et qui donc se trouvait être devenue une importante figure d'attachement.

Six mois plus tard, Agnès s'écroule sur son canapé : « Ouf, je suis vidée… et comme je suis heureuse ! » Elle vient de signer le bail de son propre appartement après six mois de recherches et de difficultés diverses avec les banques. Un appartement à elle, cherché pendant des jours et enfin déniché. Comblée, Agnès était malheureuse. Vidée, elle est heureuse… Attention, je ne suis pas en train de dire qu'il faudrait être chômeur, seul, sans argent ni logement pour être heureux. Si l'argent ne fait pas, à lui seul, le bonheur, il est indéniable qu'en manquer ne fait pas le bonheur non plus ! Nous verrons un peu plus loin comment l'argent influe sur le goût de vivre. Quelle est la différence entre comblé et vidé ? Le JE, le sentiment d'être soi, d'être au contrôle de sa propre vie et la liberté nécessaire au sentiment de réalisation.

Ce ne sont pas les possessions qui nous rendent heureux, mais d'une part le travail que nous accomplissons pour les obtenir, et d'autre part, la liberté de les avoir nous-mêmes choisies. Un bel appartement peut nous faire plaisir, mais il ne nous apportera de la joie que si d'une part nous avons travaillé pour gagner l'argent pour le payer, et d'autre part, si nous l'avons nous-mêmes trouvé. Ludovic en a fait l'amère expérience. Il était si désireux de faire plaisir à sa femme, de la rendre heureuse. Elle avait émis le désir de s'installer dans le Sud. Il y est parti explorer, et en est revenu une semaine après très fier de lui. Il avait déniché la perle ! Sa femme allait être heureuse. Soucieux de lui éviter tout tracas inutile, sachant tout le travail qu'elle avait à Paris, il a signé la promesse. Trois mois plus tard, il l'emmène en week-end amoureux, lui bande les yeux à la descente du train et lui ôte le bandeau face à la maison, fier de son cadeau. Un an après, elle le quittait. Elle n'a jamais pu habiter vraiment cette maison qu'elle n'avait pas choisie, ni lui pardonner de l'avoir tenue à l'écart de cet achat. Elle n'avait eu ni la liberté du choix, ni le temps de la rêver, ni transpiré pour la payer. En revanche, elle était consciente de suer pour en assurer la maintenance. Elle vivait les inconvénients de la propriété, sans avoir bénéficié de la joie précédant et accompagnant la signature.

Car, contrairement à une idée répandue, les propriétaires sont globalement moins heureux que les locataires. Notamment parce qu'ils consacrent beaucoup de temps à l'entretien de leur habitat et moins à rencontrer leurs amis et voisins[1]. Mais aussi parce qu'une fois la joie de l'acquisition passée, le propriétaire s'habitue à sa possession. Être propriétaire est devenu normal et source de soucis. Il n'en tire donc plus autant de joie. C'est ce que Sonja Lyubomisrsky[2] nomme l'habituation hédonique. Les choses que nous achetons ne nous apportent que momentanément de la joie. Après quelque temps, elles sont acquises, font partie de notre quotidien et ne nous émeuvent plus.

Exercer sa volonté, développer la capacité à tolérer la frustration au profit d'un bénéfice futur, prendre la responsabilité de ce qui nous arrive, ce n'est pas la voie facile, mais c'est la voie de la réalisation de soi. Ce n'est pas toujours agréable ni confortable, mais c'est la voie conditionnant la vraie joie sur le chemin. Car la joie n'arrive pas seulement une fois qu'on a atteint notre objectif, elle est notre compagne sur la route. C'est elle qui nous soutient tout du long. Nous éprouvons de la joie quand nous nous sentons marcher dans le sens de l'accomplissement de nos valeurs ou de la mise en œuvre de nos compétences, lorsque nous sommes maîtres de nous-mêmes et avons le sentiment de tenir le volant de notre vie entre nos mains.

Mon fils de quatre ans me confie un bonbon qu'on lui a donné. « Tu le mets dans l'armoire pour le jour de bonbons. » Je suis subjuguée. Comment un petit garçon de quatre ans

1. Lyubomirsky, Sonja, *Qu'est-ce qui nous rend vraiment heureux*, éd. Les Arènes, p. 185.
2. *Ibid.*

peut me demander de ranger une friandise au lieu de la consommer tout de suite ! Je le vois même sur son visage, il est fier. Ses yeux brillent. Il y a de la joie dans la maîtrise de soi ! C'est encore pour moi une preuve du fait que les enfants respectent les règles quand il n'y a pas d'interdit. Un interdit est une contrainte qui ne donne pas de liberté. Une règle est aussi une forme de contrainte, mais comme une règle du jeu, elle organise et permet plutôt qu'elle ne limite. Elle est par conséquent source d'exercice de ses compétences et donc de joie de se réaliser. Les enfants adorent les règles, ils les suivent avec application ! Pour réguler la consommation de sucre de mes enfants, j'avais cherché un juste compromis entre contrainte et liberté et lorsque j'avais entendu parler du « jour de bonbons » en vigueur dans certains pays scandinaves, nous avions ensemble choisi cette règle : « Les bonbons se mangent le samedi. Quand on reçoit un bonbon un autre jour, on le garde pour le samedi. » Il arrivait de temps à autre que l'on change le jour s'il y avait une fête à l'école ou s'ils étaient invités à un anniversaire. On aurait pu craindre une orgie de sucreries le samedi, mais je n'ai jamais observé d'excès. Ils ne mangeaient parfois qu'un ou deux bonbons. C'était juste le jour où chacun avait le droit de manger les bonbons éventuellement reçus pendant la semaine, à l'école, chez des copains, de la part de la voisine… Je ne dis pas qu'ils n'en ont pas glissé un ou deux dans leur bouche un jour de semaine, mais aucun apprentissage ne se fait sans erreur sur la route. Être capable de tolérer la frustration, de subordonner son présent à un futur est une compétence extrêmement utile dans la vie. Le Test du marshmallow est mondialement connu. Walter Mischel a commencé ses expérimentations dans les années 1960 à Stanford. L'expérimentateur propose à un enfant soit un marshmallow tout de suite, soit deux un peu plus tard. Mais pour en recevoir deux, l'enfant doit attendre seul le retour de l'expérimentateur face au bonbon posé sur une assiette devant lui. Il dispose d'une sonnette pour appeler s'il n'a plus la patience d'attendre, mais il perd alors le second marshmallow. Évidemment, la plupart des enfants veulent deux confiseries, mais une fois soumis à la tentation, ils ne parviennent pas tous à différer la gratification ! En dessous de trois ans, aucun n'y réussit, tout au moins spontanément. Certains craquent puis regardent avec consternation leur main qui a attrapé la friandise et l'a glissée dans leur bouche sans que leur cerveau l'ait décidé ! À cinq ans, un tiers des enfants résistent. Vingt ans plus tard, ces derniers réussissent mieux que les autres à persévérer dans leurs projets, à atteindre leurs objectifs, font de plus longues études, consomment moins de drogues dures et ont un indice de masse corporel inférieur. L'affaire est donc d'importance. Comment enseigner aux enfants à tolérer la frustration ? Mischel a tenté de comprendre ce qui permettait aux enfants de réussir à différer la satisfaction. Il a montré que si on donnait aux enfants des idées et des techniques, comme imaginer que le bonbon n'était qu'un bout de coton ou le regarder dans un cadre, ou penser dans sa tête à des choses agréables, les enfants utilisaient ces techniques et réussissaient parfaitement à attendre le second marshmallow pour des temps allant jusqu'à dix-huit minutes alors que sans stratégies ils craquaient au bout d'une minute. Si les enfants échouent à respecter les règles imposées par les adultes, ce n'est que rarement par manque de bonne volonté.

N'en déplaise aux tenants d'une éducation autoritaire, l'expérience montre que les enfants cherchent à bien faire, agissent de leur mieux pour contenter leurs parents. Mais souvent les formulations des parents ne permettent pas aux enfants de se représenter correctement ce qu'il y a à faire, et surtout, ils reçoivent des interdits et savent ce qu'il ne faut pas faire, mais pas encore ce qu'ils doivent faire à la place. Ils reçoivent des ordres sans forcément disposer des compétences nécessaires pour y obéir. Nombre de parents intiment « Calme-toi ! » sans enseigner à leur enfant aucune technique pour rétablir le calme dans leur corps. Certains les découvrent seuls, la plupart se contentent de se figer. Mischel a montré que si l'on propose une technique même à un petit, il arrive à maîtriser son impulsion. Plutôt que d'interdire, de contrôler nos enfants, les éduquer, c'est leur fournir les moyens de réussir les objectifs que nous leur fixons ! Ils seront heureux de réussir. Et nous pourrons lire la fierté dans leurs yeux plutôt que la soumission. Cette expérimentation, menée avec une grande rigueur sur des milliers d'enfants dans différents contextes, met à mal la croyance en des « enfants rois » qui veulent tout, tout de suite, si on ne leur pose pas de limites. Ce qui est étrange, c'est que nombre de ces fervents partisans d'un retour à une autorité (qui aurait été selon eux perdue) utilisent le Test du marshmallow comme argument : « Voyez combien il est important que les enfants sachent supporter la frustration, donc les parents doivent frustrer. » Ils n'ont manifestement pas lu l'étude dans son entier. Ils vont pouvoir le faire, elle est parue en français[1] en 2015. Bien sûr, nous rencontrons des enfants qui veulent tout, tout de suite… L'expérience a montré qu'un bon nombre d'enfants avalaient le marshmallow en moins d'une minute. Pourquoi n'arrivent-ils pas à résister ? La compétence dépend du cerveau préfrontal, une zone peu développée avant l'âge de trois ans, peu développée chez les enfants de parents autoritaires, et peu développée chez les enfants issus de milieux instables et n'ayant pas appris à maîtriser leur impulsivité, à réguler leur stress ou à diriger leur attention. La qualité de l'attachement est prédictive de la réussite au test. Plus les enfants ont un attachement sécure à leurs parents, plus ils ont de chances de rentrer chez eux avec deux marshmallows. Avec des parents contrôlants et interventionnistes laissant peu de liberté, les enfants ont moins de self-control, et donc craquent plus vite pour la friandise.

Dans son livre, Walter Mischel[2] décrit la joie des enfants qui réussissent à obtenir les deux marshmallows, ce triomphe dans les yeux de ceux qui ont réussi à se maîtriser et se sentent au contrôle de leur vie. Ils sont si fiers que si certains enfournent alors dans leur bouche les bonbons chèrement acquis, d'autres ne veulent pas les manger avant de les avoir montrés à leurs parents. Tant avoir résisté est plus gratifiant que la friandise.

1. Mischel, Walter, *Le Test du marshmallow. Quels sont les ressorts de la volonté*, Lattès, 2015.
2. *Ibid.*, p. 27, p. 145.

Faire des efforts, ça rend heureux, à condition que ce soit librement !

Le travail, c'est la santé[1]

— Comment ça va ?

— Comme un lundi…

Le sous-entendu est là. Chacun est censé entendre que le travail c'est moins bien que le repos. Nombre de gens le croient et clament vivre davantage de joie dans leurs loisirs qu'au travail. En réalité, les enquêtes un peu plus fouillées montrent que nous expérimentons davantage d'expériences de *flow* au travail que pendant nos loisirs. C'est ce que concluent Mihaly Csikszentmihalyi et Judith LeFevre. Les préjugés contre le travail nous poursuivent depuis Adam et Ève, souligne Tahar Ben-Shahar. Ces deux-là ont croqué la pomme et ont été condamnés à… travailler. Dans notre conscience collective, existence oisive égale paradis. Christophe André[2] reprend cette douloureuse malédiction et souligne que, pendant des siècles, travailler était quasiment un marqueur d'infériorité sociale. Les classes dominantes s'en abstiennent. Grâce aux machines-outils, le travail a beaucoup perdu de sa pénibilité et les progrès de la technologie et de la robotique vont continuer à soulager les hommes. Plutôt que de craindre que les robots ne fassent perdre leur emploi aux

---

1. *Utiliser le stress pour réussir sa vie*, Dervy, 2015.
2. *Cerveau&psycho*, n° 71, sept-oct 2015, p. 46.

humains, nous pourrions nous dire que cela va permettre à ces derniers de se diriger vers des postes plus créatifs, intéressants, motivants. Pour 40 % des gens un travail doit donner l'impression de réussir quelque chose et pour 48 % il doit permettre de continuer à apprendre[1].

Dans une boulangerie, je m'étonnais de voir côte à côte deux pains aux prix très différents. Le premier plutôt industriel, le second « maison », plus cher, et travaillé à la main. Comme je m'étonnais qu'il vende du pain de basse qualité à côté de sa baguette artisanale façonnée avec amour, l'artisan désabusé me répondit que les gens s'en fichaient que le pain soit bon. Il poursuivit : « Beaucoup de gens voulaient être boulanger du temps où le métier était valorisé. Pourtant c'était difficile de se lever à 3 heures du matin pour faire le pain. Aujourd'hui, quand les gens hésitent à payer quinze centimes d'euro de plus pour une baguette qui a demandé davantage de travail, c'est humiliant d'être boulanger. » Pourtant, l'argument financier ne tenait pas, le pain industriel était certes un peu moins cher, mais le boulanger me l'a confirmé, il serait sec en quatre heures. Alors que celui qu'il avait pétri abondamment resterait agréable à consommer au moins deux jours. Heureusement, depuis, à côté de la boulange de masse, quelques boulangers d'exception relèvent l'honneur du métier. Des ingénieurs, des chefs d'entreprise quittent tout pour devenir boulanger. Non, les gens ne reculent pas devant la difficulté.

---

1. Enquête citée par *Cerveau&Psycho, ibid.*, p. 48.

Bien sûr, il y a travail et travail. Quand il est contraint, le travail perd sa dimension réalisation. Libre, il devient source d'épanouissement. Nous travaillerions peut-être différemment. L'argent a perverti notre sens des valeurs. Un économiste a souligné que plus un métier est utile à la société, moins il est rémunéré. Assistante maternelle, professeur des écoles, aide-soignant, fossoyeur, éboueur… que ferions-nous sans eux ? Inversement, la société pourrait tout à fait se passer des traders, des propriétaires de casino, des dealers de drogue, des publicitaires, et pourtant ce sont les métiers parmi les plus rémunérateurs. C'est un peu normal d'ailleurs, puisque leur travail est au service de l'argent et non de l'humain. Mais ce basculement de valeurs est dangereux pour notre avenir à tous.

Pourquoi l'argent resterait-il une récompense, alors que c'est un moyen de paiement, un fluide, un carburant ? Défini comme une récompense, c'est un outil de domination. Considéré comme un carburant, il devient moteur d'évolution. C'est le projet du revenu de base. L'idée ? Dès sa naissance, chaque personne recevrait mensuellement et inconditionnellement une somme suffisante pour vivre. Riche ou pauvre, chacun reçoit la même somme. Certains peuvent penser injuste de donner encore de l'argent aux riches, mais si on ne donne pas à tous, ce sera encore un revenu conditionnel. Or c'est justement l'inconditionnalité qui en fait sa force. Si on donne à condition de revenu, cela signifie qu'on pourrait le perdre si on gagnait davantage… démotivant ! Nous retrouverions les travers de notre RSA.

Tout un chacun serait donc à vie libéré de l'obligation de travailler. Ne resterait plus que le désir ! Et donc une vraie liberté de travailler et de s'épanouir dans le travail de son choix. Certains craignent alors que plus personne ne veuille travailler. D'une part, le revenu de base[1] n'est qu'une base et chacun pourrait avoir envie de gagner davantage, mais surtout, l'humain a ce besoin verrouillé au cœur et au corps de se réaliser, d'œuvrer seul ou avec d'autres. Interrogés, une bonne partie des gens continueraient leur métier, sans rien y changer, même si ce n'était pas une nécessité financière. Ils le feraient seulement plus librement, donc plus joyeusement. Effectuer une activité qui nous permet de nous réaliser, de développer notre potentiel, ne nous pèse pas, même si elle est ardue.

En revanche, avec un revenu inconditionnel, la peur et la honte, ces deux émotions qui permettent l'asservissement des hommes, seraient nettement soulagées. Plus personne ne serait dans l'obligation de se soumettre de crainte de se retrouver à la rue, plus personne n'aurait honte d'accepter un travail ou des conditions de travail indignes pour ne pas mourir de faim. Ce pourrait être enfin la fin de l'esclavage moderne qu'est devenu notre salariat. De toute façon, c'est déjà la fin du travail. Les licenciements se multiplient. La courbe du chômage augmente sans cesse. Ouvrons les yeux, les robots nous remplacent avantageusement sur toutes sortes de postes inintéressants. En revanche, il y a énormément de travail non assuré, principalement dans ce qui est actuellement peu

1. Pour en savoir plus : http://revenudebase.info

rémunéré, comme les services à la personne. De nouveaux métiers pourraient se développer, les gens pourraient se consacrer à des activités qui nourrissent leur âme davantage que leur portefeuille. Créer, inventer, monter des projets, se lancer des défis… Les humains ne sont pas à cour d'idées et si notre espèce s'est répandue tout autour de la planète même dans les contrées les plus arides, c'est que nous ne reculons pas devant l'adversité et que l'exploration de nouveaux horizons fait partie de notre ADN.

Revenu de base garanti, parcours de vie choisi ! Tel est le *motto* des partisans de cette révolution. Permettre à chacun de contribuer à la société comme il l'entend, c'est un rêve enfin réalisable grâce à cette idée qui bouleverse tant nos habitudes de pensée que la plupart des gens tiquent et doutent. Pourtant des économistes de renom, pas forcément gauchistes, se penchent sur la question[1]. « Une telle société est possible ! » J'en avais les larmes aux yeux la première fois que j'ai visionné le film *Le Revenu de base, une impulsion culturelle*[2]. J'ai pleuré des larmes de joie, car on éprouve de la joie en rêvant un monde meilleur, surtout quand on découvre que le rêve peut devenir réalité et que ce n'est pas si éloigné[3] !

---

1. www.inconditionnel.info
2. Réalisé par Daniel Häni et Enno Schmidt, le film est sorti en 2008 en allemand et a depuis été sous-titré dans plus de dix langues. Une version intégralement française a également été produite et est disponible en *licence creative commons*, afin d'en faciliter la diffusion.
3. À l'heure où j'écris ce livre, la Finlande a prévu une expérimentation en 2017. Diverses formations politiques en France l'ont inscrit dans leur programme. Il est soutenu par Podemos, le parti montant en Espagne.

Un dollar n'est pas un dollar[1]

Certains certifient que l'argent n'a pas d'odeur et qu'un dollar est un dollar, un euro, un euro. Mais de nombreuses enquêtes et expériences de psychologie sociale montrent le contraire. L'argent est en réalité très émotionnel. Une nouvelle race d'économistes, les économistes comportementaux qui étudient la psychologie de l'argent[2] et analysent nos comportements face à nos sous, soulignent que nous dépensons différemment notre argent selon sa provenance. C'est du sens commun, l'argent dans votre porte-monnaie n'est pas le même que celui qui dort sur le livret de vos enfants. L'argent du premier est destiné à être dépensé rapidement. Et nous serions choqués de consacrer l'argent de l'épargne à l'achat de biens de consommation rapide. Les héritages ont tendance à être dépensés en biens « sérieux », vertueux. Sauf si nous n'appréciions guère la personne qui nous a légué cette somme, ou si nous étions en conflit avec elle, auquel cas la somme peut être rapidement gaspillée. Gagner à la loterie, au tiercé ou dans un jeu télévisé semble attractif, mais là encore, comme si le récipiendaire avait le sentiment de ne pas en être digne, il dépense très vite les sommes reçues.

Toutes les études le montrent de manière consistante, une fois nos besoins de base satisfaits, le seul argent qui fait

1. Emotional Accounting: How Feelings About Money Influence Consumer Choice, https://www.youtube.com/watch?v=P2aMrB-Zi0xc

2. http://www.spring.org.uk/2008/03/whistlestop-tour-of-research-on.php

du bien et donne de la joie c'est celui qu'on partage. En donnant, on augmente l'estime de soi, on participe à un projet ou au bien-être d'autrui, cela renforce notre sentiment d'avoir une place dans le monde. Les chercheurs Diener et Fujita[1] ont montré que l'argent n'était prédictif de bonheur que s'il servait à l'accomplissement d'un but important pour la personne. Décidément, la joie ne dépend pas d'expériences désirables vécues passivement, mais d'implication dans des activités qui ont de la valeur à nos yeux[2].

La première fois qu'un enfant est autorisé à payer à la place de son parent dans une boutique, il éprouve de la joie. La joie n'est pas liée vraiment à l'argent, mais au nouveau pouvoir auquel il accède. De la même manière, le premier argent de poche donne de la joie. Mais bien vite, la joie s'efface et les parents le savent, l'argent de poche est devenu un dû et il en faut toujours plus. Maman, papa, j'ai gagné 1 000 euros ! clame notre grand ado. Mon premier argent ! Nous nous souvenons presque tous de notre premier salaire. Là encore, l'argent lui-même n'est guère signifiant. C'est l'accès au monde adulte, le pouvoir que cela nous confère qui nous donnent la joie.

Ce sont autant de portes franchies. Chaque franchissement apporte de la joie. Mais une fois franchie, l'étape

1. Diener E ; Fujita F, « Resources, Personal Strivings, and Subjective Well-Being : A Nomothetic and Idiographic Approach », *Journal of Personality and Social Psychology*, 1995 May ; 68(5) : 926-35.
2. Diener et Larsen, 1993.

est considérée comme acquise. La joie n'est pas l'émotion du repli vers la sécurité, elle est l'émotion de l'effort et de l'aventure !

Où vais-je ?

La plupart d'entre nous consacrons davantage de temps à organiser nos prochaines vacances qu'à réfléchir à nos objectifs de vie. C'est lors d'un échec, d'une rupture, que nous nous posons la question du sens de notre existence. Quand nous avons fait reposer notre but sur quelque chose de tangible, concret, comme construire une maison, un couple, élever des enfants, le jour où cela s'arrête, parce que la maison est terminée, parce que le couple s'épuise et divorce, parce que les enfants grandissent et s'en vont parcourir leur propre vie, nous sombrons. « Ma vie n'a plus de but, plus de sens. » Un but intérieur n'a pas ces inconvénients. Il peut nous porter longtemps parce qu'il n'est jamais vraiment atteint.

Développer de l'amour, ouvrir notre cœur, défendre les droits des humains… Nous avons tous un idéal, une idée de ce que nous voulons devenir, même si nous n'en sommes pas conscients. Parfois cette image inconsciente nous enferme, elle nous contraint à nous soumettre, à faire toujours mieux. Henri travaille sans relâche. Il dit qu'il faut bien gagner sa vie, assurer celle de sa famille. Il ne se pose jamais, il rapporte du travail à la maison pour le soir, le week-end, et ne s'arrête que pour opérer quelque bricolage utile pour la maison. Il n'a pas une minute pour les gens qu'il aime. Henri est guidé par un idéal inconscient : être enfin aimé de son père, être reconnu par lui. Or ce dernier ne lui concédait quelque attention que lorsqu'il travaillait à ses côtés. Dès que le petit Henri se mettait à jouer ou à simplement s'accroupir pour regarder un brin d'herbe, le regard de son père se faisait noir. Il ne savait pas que le regard noir de son papa n'était pas réprobation, mais envie, que cet homme en le voyant s'émerveiller joyeusement éprouvait de la nostalgie, une douleur qui lui soulignait combien il était devenu esclave d'une vie qu'il n'avait pas choisie. Ce papa ne savait hélas pas parler. Il n'osait pas parler, piégé qu'il était par cette maison, sa femme et sa belle-mère, et surtout, nous le comprenons, mais lui ne le savait pas, par sa propre soumission à ses parents, des parents qui avaient tellement souffert qu'il ne pouvait leur infliger une souffrance supplémentaire en sortant du rang. Il restait donc dans cette existence qui n'était pas la sienne. Il s'absorbait dans le travail pour ne pas trop penser. Quand son fils l'aidait à ses côtés, il était heureux. Il sentait la complicité entre eux. Il l'initiait au travail du bois, aux chiffres, au pliage des cartons. Henri percevait cette harmonie dans leur relation. L'ocytocine coulait dans son cerveau quand il travaillait avec son père. Quand il « ne faisait rien », le regard de son père déclenchait les hormones de stress. Nous cherchons tous à être heureux, à être aimés. L'expérience enfantine d'Henri était que la voie pour cela était de travailler. Cet idéal a guidé sa vie, l'éloignant hélas de ses enfants quand lui-même est devenu papa.

En fonction de ses expériences, chacun se forge un idéal inconscient, élabore son scénario de vie. L'enfant que nous étions n'avait pas toutes les informations. L'adulte que nous sommes devenu peut regarder les choses d'une autre façon. Quand Henri a découvert que le regard de son père pouvait être chargé d'envie plus que de reproche, son monde intérieur a basculé. Il pouvait désormais y lire la permission d'être différent de son père sans le perdre.

Suivre un idéal conscient nous redonne notre liberté. Et puis, nous pouvons réaliser qu'un idéal n'est pas figé pour l'éternité. C'est une direction. Comment reconnaître notre idéal ? Nous admirons des personnalités pour ce qu'elles ont fait, mais surtout pour les valeurs qu'elles expriment par leurs actes. Ce pour quoi nous admirons les gens sont des valeurs qui nous animent nous aussi, sinon, nous ne serions pas touchés par ces personnes. Une fois nos valeurs identifiées, reste à oser penser que nous puissions les incarner. Certes, nous ne sommes pas tous l'abbé Pierre, Simone Veil, Nicolas Hulot, Sophia Aram ou Martin Luther King. Mais chacun d'entre nous, à sa mesure, peut porter les valeurs qu'ils incarnent. D'ailleurs que serait Martin Luther King sans Rosa Parks qui est restée assise dans ce bus lorsque le chauffeur lui a intimé l'ordre de se lever pour aller du côté réservé aux Noirs ? Que serait Gandhi sans chacun des milliers d'Indiens qui l'ont suivi dans sa route du sel ?

Notre idéal est une projection de nous-mêmes dans le futur, tel que nous avons envie de devenir, incarnant des valeurs que nous avons choisies. C'est l'image d'un homme ou d'une femme dégagé(e) des limitations que nous avons encore aujourd'hui. Cette image, devenue consciente, peut tout à la fois nous soutenir dans les moments difficiles, nous guider dans nos choix de vie, nourrir notre estime de nous-mêmes. Elle nous fournit la connexion assurant un sentiment de sécurité, de cohérence entre le passé et le futur, nous pouvons vivre un présent plein de sens.

Exercice

Je médite :

La liberté, est-ce de fumer ou de ne pas fumer ?

Notre différence d'humain : le libre arbitre

Une zone dans notre cerveau n'existe chez aucun autre primate : le pôle frontal du cortex préfrontal latéral. Des scientifiques de l'université d'Oxford en ont précisé et exploré les capacités. Elle nous permet d'évaluer la portée de nos actes, de nous en représenter les conséquences. Elle nous permet la planification de nos vacances, de notre carrière, mais aussi d'anticiper la succession de tâches qui vont nous permettre d'atteindre un but. La zone s'active lorsque nous prenons des décisions multitâches, elle nous permet de prévoir, d'anticiper, d'analyser. Nous devenons capables de diriger nos actes non en fonction des sollicitations de l'environnement immédiat, mais selon nos valeurs, nos désirs, nos ambitions. C'est le siège de notre petite voix interne, celle qui nous parle à l'intérieur, commente notre vie. C'est notre conscience morale, notre Jiminy Cricket interne. Elle nous confère notre humanité en ce qu'elle nous donne notre libre arbitre. Cette liberté d'être celui que nous avons envie d'être donne de la joie, car cela fait partie de l'essence de l'humain que de chercher du pouvoir d'abord sur son propre corps, sur ses réactions, sur ses comportements, puis sur son environnement.

Vivre librement n'est pas faire ce qu'on a envie de faire quand on a envie de le faire, ce n'est pas se conduire n'importe comment, c'est avancer dans une direction que nous avons choisie. Notre idéal guide nos actes les plus quotidiens et peut illuminer les tâches les plus routinières. Car toute tâche peut être simple activité ou inscrite dans un projet. Si nous avons conscience de bâtir une cathédrale, tailler une pierre avec précision nous paraît moins inutile, moins épuisant. Dans notre vie, nous ne prenons pas toujours le temps de réfléchir à la portée de nos actes, aux valeurs qu'ils servent. Mais la réalité est que chaque pierre que nous taillons, chaque grain de sable que nous pelletons et mêlons à de l'eau, chaque mortier que nous foulons est au service de la construction de quelque chose. Quelle tête va avoir ma cathédrale ? Mieux vaut élaborer le plan pour ne pas construire un mur au mauvais endroit. On risque de se trouver coincé par des choix. Si je ne prends pas le temps d'être l'architecte de ma vie, je laisse mes parents, mon histoire en décider pour moi, avec pour conséquence de risquer de répéter les erreurs, et d'avoir à clore les gestalts[1] du passé familial. Nous pouvons dessiner notre futur. Cela nous donnera plus encore le sentiment de

1. Gestalt : forme. Une gestalt reste ouverte quand une situation est inachevée, quand une blessure est encore béante, quand les réponses n'ont pas été apportées.

liberté, de ne pas être dépendants du bon vouloir de l'un ou de l'autre. Le sentiment de libre arbitre grandira si nous savons où nous allons. Nos objectifs guideront nos actes et nous aideront à prendre nos décisions. Chaque décision prise qui nous rapproche même d'un petit pas de notre objectif nous donnera de la joie. En élaborant notre propre plan de vie conscient, les gestalts non résolues du passé se présenteront tout de même, mais nous aurons un cadre pour y faire face. Dans un plan de vie, il y a des objectifs à court, moyen et long terme. Notre idéal anime le tout.

Actualiser nos valeurs nous donne notre axe de vie. Se réaliser, c'est avoir le sentiment d'avancer sur cet axe. Et pour cela, un objectif à long terme ne nous suffit pas. Nous avons besoin de paliers, et de marches pour grimper cet escalier sans nous essouffler. Nos objectifs à long terme forment notre direction de vie, c'est le septième étage, celui auquel nous nous représentons incarner profondément nos valeurs. Pour ne pas perdre la motivation, être conscient de nos objectifs à moyen terme nous permet de franchir les paliers sachant que chaque étage atteint nous rapproche du sommet. Nous pouvons célébrer, capitaliser nos acquis, nous reposer sur le palier avant d'attaquer la volée suivante de marches. Ces marches étant autant d'objectifs à court terme pour réussir souvent. Et avoir conscience chaque jour d'avancer vers notre réalisation. On n'a pas besoin d'avoir atteint le septième étage pour éprouver la joie. Elle est sur le chemin, à chaque effort pour gravir une marche, parce que nous savons où nous allons.

Pour avoir une chance d'être atteint, un objectif doit être :

- Atteignable
- Formulé positivement
- Mesurable
- Sous notre contrôle
- Être accompagné d'une représentation sensorielle
- Écologique

En tant que parent, nous pouvons aussi utiliser cette grille pour accompagner nos enfants. Nous nous énervons parfois quand nos enfants ne réussissent pas à accomplir ceci ou cela. Poser ce filtre des conditions d'un objectif peut nous aider à comprendre le souci qui bloque la situation.

Atteignable

Une bonne façon de ne pas atteindre son objectif est de le choisir irréaliste, au-delà de nos capacités ou de la possibilité qu'il soit atteint. Parfois, nos désirs sont démesurés ou en dehors de la sphère du possible. Nous en rêvons, mais nous ne pensons pas vraiment pouvoir y arriver. Quand un objectif nous paraît peu réaliste, nous perdons la motivation pour y travailler.

Un enfant a besoin d'y croire pour s'y mettre. Quand son prof lui serine qu'il est nul et n'arrivera jamais à rien, c'est plus difficile !

Les questions à se poser :

- Cet objectif est-il réaliste ?
- Est-il à ma portée aujourd'hui ?

- De quelles compétences ai-je besoin pour l'atteindre ?
- Pourrait-il y avoir un objectif intermédiaire plus facilement atteignable et qui pourrait constituer une marche pour accéder ensuite à un objectif plus ambitieux ?

Formulé positivement

Un objectif oriente notre attention, nous donne notre direction. Lorsque le chauffeur du taxi vous demande où vous désirez qu'il vous conduise, si vous lui répondez « Pas à la Concorde, pas non plus à Babylone… » Il ne saura guère où se diriger. Stopper de faire ceci ou cela n'est pas un objectif, car ni le corps ni la tête ne savent où aller ni quoi faire. Si nous donnons une adresse claire au cerveau, il peut nous y diriger plus facilement. Quand les parents se désespèrent que leurs enfants ne respectent pas les règles, ils peuvent gagner beaucoup en réalisant qu'ils ont posé des interdits au lieu de donner des consignes. Un simple ajustement de langage change la vie familiale !

Les questions à se poser :

- Qu'est-ce que je veux ?
- Qu'est-ce que je veux à la place de…
- Qu'est-ce que je voudrais de différent ?

Mesurable

Si l'objectif n'est pas mesurable, on ne peut jamais savoir si on l'a atteint ou non. Nous pouvons choisir quelques critères de vérification qui nous permettront de mesurer l'atteinte de l'objectif.

Les questions à se poser :

- Comment saurai-je que j'ai atteint mon objectif?

Sous mon contrôle, dépendant de moi

Nous échouons souvent parce que nous nous choisissons des objectifs extérieurs qui ne dépendent en définitive pas de nous. Obtenir 18 de moyenne en maths ou même 15 à un devoir de physique n'est pas sous le contrôle de l'élève. C'est sous le contrôle de l'enseignant ! C'est pourquoi quand le prof se lamente « ça me fait mal de devoir te mettre 0 à ce devoir », Toto rétorque très justement : « Mais alors pourquoi vous me le mettez ? »

Les questions à se poser :

- Mon objectif est-il sous mon contrôle ?
- Le problème est-il de ma seule responsabilité ?
- Quelle est ma part de responsabilité, sur quoi ai-je du contrôle ?
- Comment puis-je reformuler mon objectif?

Être accompagné d'une représentation sensorielle

Nos objectifs sont souvent des représentations externes. Mais la joie se développe lorsque nous nous sentons grandir à l'intérieur. Nous pouvons être fier d'une réussite extérieure, d'un diplôme, d'une médaille, mais ce qui nous donnera le sentiment d'avoir atteint notre objectif, ce sont les sensations à l'intérieur de nous. Un objectif clair pour le cerveau est un objectif pour lequel nous pouvons nous construire une représentation interne intégrant sensations, comportements, pensées et sentiments.

Les questions à se poser :

- Qu'est-ce que je constaterai ? verrai, entendrai… de différent ?
- Qu'est-ce que les autres verront ?
- Qu'est-ce que je sentirai ? (ressenti)
- Qu'est-ce que je ferai de différent ? (comportement)
- Qu'est-ce que je penserai ou me dirai ? (pensées)
- Qu'est-ce que j'éprouverai ? (sensations et sentiments)

Écologique

Le mot écologie a été introduit par le biologiste allemand Ernst Haeckel pour désigner l'étude des relations entre les êtres vivants et leur environnement. Les autres, notre famille, nos relations font aussi partie de notre environnement. Par extension, on dit un objectif « écologique » quand il respecte notre écosystème social.

Pour un adolescent, par exemple, faire ses devoirs tous les soirs n'est pas forcément un objectif écologique, tant il risquerait, s'il l'atteignait, d'être ridiculisé voire exclus par les copains. En effet, dans la plupart des collèges et lycées, un garçon qui fait ses devoirs et obtient de bonnes notes voit son statut social dans la classe chuter… Et puis, les statistiques sont sans appel, les *bad boys* ont nettement plus de succès auprès des filles que les fayots. Malgré tout l'amour qu'il a pour ses parents et le désir de leur faire plaisir, la douleur du rejet social risque de peser trop lourd dans la balance, et le jeune préfère encourir la déception parentale, surtout s'il bénéficie d'un attachement sécure tant il est certain d'être aimé ou au contraire s'il a perdu tout espoir de l'être. Un autre peut se résigner à être le bouc émissaire de la classe, se sacrifier pour que maman soit contente. Mais mettre leur ado ainsi en situation difficile n'est pas ce que désirent réellement les parents ! En mesurant les conséquences d'un comportement, non seulement à l'aune de nos critères (faire de longues études pour réussir plus tard), mais aussi à celle de l'environnement social actuel de l'ado, nous pourrons affiner l'objectif et surtout augmenter les chances de succès.

Un autre exemple, Danièle voulait absolument réussir son permis de conduire. Au bout de cinq échecs, elle vient consulter. C'est en interrogeant l'écologie que nous avons découvert ce qui bloquait. Si elle avait son permis, elle n'aurait plus besoin de son mari pour la conduire partout. Leur couple en aurait été profondément remanié. Elle se disait souvent : « Si je n'avais pas besoin de mon mari pour conduire, je divorcerais. » On comprend que son permis représentait un sacré enjeu ! Autant ne pas le réussir pour ne pas être confrontée à la perspective d'une séparation qu'elle ne désirait pas vraiment.

Nombre de nos comportements sont au service du maintien d'un système inconscient. Faire abstraction du poids de ce système voue nos efforts à l'échec. Il ne s'agit pas de renoncer à nos objectifs, mais de tenir compte de tout le système et d'inclure dans notre plan d'architecte ces contraintes du terrain et de l'urbanisme. C'est souvent parce que nos objectifs ne respectent pas notre écosystème ou engendrent des réactions d'agression ou de rejet de la part des autres que nous ne les atteignons pas. Il se peut que nous rencontrions des résistances de la part de notre entourage ou reculions devant des modifications plus importantes que ce que nous avions anticipé. Notre objectif nous paraissant « beau », il peut nous arriver d'oublier qu'il puisse avoir des conséquences qui le seront moins.

Il y a trente-cinq ans, dans un groupe de thérapie, une femme posait l'objectif de s'émanciper de son mari et de s'installer comme psychothérapeute. Du haut de l'enthousiasme des mes vingt et un ans, je l'aurais soutenue inconditionnellement dans cet objectif. J'ai écouté avec attention notre psy opérer avec bien plus de précaution. Nous étions une vingtaine de futurs thérapeutes venus de tous les coins du monde réunis en séminaire aux États-Unis. Cette femme vivait en Afrique du Sud. Le thérapeute a refusé son objectif. Il fallait d'abord en mesurer les conséquences. À l'époque, là-bas, une femme divorcée ne pouvait travailler. Son mari étant très possessif et autoritaire, lui interdisant de travailler, si elle persistait à vouloir devenir psychothérapeute, elle s'exposait au divorce. Si elle divorçait, elle était exclue de la société. Plusieurs années plus tard, elle avait divorcé, émigré en Angleterre et ouvert un cabinet. Elle avait réussi, parce qu'elle s'était préparée aux obstacles et avait opéré ses choix en conscience.

Les questions à se poser sont :

- Qu'est-ce qui changera quand j'aurai atteint mon objectif ?
- Comment est-ce que cela va impacter mon entourage ?

Incarner ses valeurs

Je discutais un jour avec un directeur d'une grande entreprise. Il me parlait de spiritualité, de valeurs. Très catholique, il me dit assister à la messe tous les dimanches. Je m'enquiers de son vécu dans certaines situations délicates. Il me répond sans vergogne aucune : « Les affaires sont les affaires, la religion c'est la religion. Il ne faut pas confondre, chaque chose à sa place. La religion à l'église. Dans l'entreprise il ne faut pas avoir d'état d'âme sinon on ne peut pas réussir. » Avoir sa carte de chrétien ne signifie pas toujours avoir un comportement de chrétien. Heureusement, il y a aussi des chefs d'entreprise qui gèrent leur structure dans le sens de leurs valeurs.

Une autre fois, un homme, ingénieur de son métier, me confie : « Ma vraie vie c'est la peinture, le reste, c'est alimentaire. J'ai fait des centrales atomiques et je construis des prisons. C'est à l'encontre de mes valeurs. J'avoue que j'ai toujours choisi la voie de la facilité. » Las, monsieur, la joie est l'émotion de l'accomplissement de nos valeurs, la route de la facilité ne permet ni l'estime de soi ni la joie.

Cet ingénieur m'a dit céder à la facilité, et nous pourrions être tentés de le croire. En tant que psychothérapeute, pour avoir accompagné tant de personnes qui m'annonçaient avec honte céder à la facilité dans leur vie, je sais qu'il ne s'agit pas de cela. Ces hommes et ces femmes, qui ne se réalisaient pas, n'avançaient pas selon leurs valeurs, mettaient en réalité toute leur énergie à obéir, à faire plaisir à leurs parents, à prouver leur valeur à ces derniers. Ils tentaient d'être la petite fille ou le petit garçon parfait qui réussit selon les critères parentaux, ou plus exactement selon les critères fantasmés.

Le manque d'estime de soi et le manque de joie vont déclencher un besoin d'en récupérer. Puisque nous n'avons pas le pouvoir sur nous-mêmes nous pouvons l'exercer sur autrui. On peut éprouver une forme de jouissance à dominer autrui et à gagner beaucoup d'argent. Mais cette voie est porteuse de honte, car si on peut se voiler les yeux un temps, on ne peut totalement ignorer que notre compte en banque se remplit au détriment de vies ailleurs. Ne pas savoir, ne voir que les chiffres. Dans son livre *Pourquoi j'ai quitté Goldman Sachs*[1], le trader Greg Smith explique très bien cette séparation entre soi et soi. Focalisé sur les algorythmes, on ferme les yeux parce que sinon ce ne serait pas possible. Et puis il y a cette petite phrase perverse qui retient de changer : « Si je ne le fais pas, d'autres le feront. » Pour calmer la honte, il y a la drogue, l'alcool, la cocaïne, ça permet de tenir. D'autres se libèrent en rabaissant autrui. Eddy, à chaque repas, fait des remarques humiliantes à sa femme sur sa maladresse en cuisine. À chaque réunion de direction, Karim explose sur l'un ou l'autre de ses collaborateurs et l'humilie publiquement.

Sortir de notre zone de confort

Il nous arrive de nous rêver un futur sans pour autant passer à l'action. Nous voudrions parcourir le monde pendant un an, changer de travail, nous mettre à la peinture ou nous inscrire à

1. Smith, Greg, *Pourquoi j'ai quitté Goldman Sachs*, Lattès, 2012.

une formation et nous trouvons toujours quelque chose d'autre à faire. Nous n'avons pas le temps, pas l'argent. Le rêve reste un rêve, auquel nous pouvons nous raccrocher quand le quotidien est trop difficile. Nous nous plaignons du vide de notre vie, de ce boulot qui nous prend tant d'énergie, de ces difficultés dans nos relations avec les autres, de ce conjoint insatisfaisant, de nos enfants si épuisants. Mais se renseigner sur les options pour vraiment changer nous paraît prématuré. Et puis, nous n'avons pas le temps… Quelques mois passent, on oublie ses rêves, on oublie aussi un temps l'insatisfaction. On trouve des avantages à son quotidien tel qu'il est. Un peu plus tard, la fatigue et la déprime refont surface. On repart pour un cycle de plaintes, de rêves, puis on oublie de nouveau…

Lucille travaille dans une société d'assurance. Elle s'ennuie. Elle se plaint de la mauvaise ambiance au bureau. Elle s'épuise. Elle rêve de devenir maraîchère. Elle aime la nature, planter, regarder pousser. Elle soigne ses fleurs dans son jardin, mais ne fait pas pousser de légumes… Cela doit rester un rêve. Notre tendance naturelle est d'éviter de mettre à l'épreuve de la réalité nos fantasmes parce que c'est inconfortable. Tout à coup, on voit ce qui doit être fait et cela nous déprime. On a beaucoup de travail à accomplir et pire, peut-être que nous avons à considérer que notre but est irréaliste. On n'aime pas passer de sentiments joyeux à des pensées déprimantes, donc on supprime. En continuant de rêver, on continue de penser à des choses sympathiques et agréables, on vit la joie dans la tête.

Dans le monde de l'imaginaire, le risque de rater est nul. C'est certain. Mais les chances de réussir sont tout aussi nulles. En réalité, qu'on réussisse ou non à rejoindre un objectif, ou à mener à bien un projet n'a guère d'importance. La joie est sur le chemin. Mais la crainte de l'échec peut se montrer paralysante. Dans notre société valorisant la réussite plus que l'apprentissage, le savoir plus que l'étude et l'analyse, l'erreur est stigmatisée, la personne échouant est humiliée. L'échec est alors une blessure de notre ego, de notre image de nous-mêmes. Il est pourtant là pour nous enseigner et peut-être nous permettre d'être plus près de nous-mêmes. L'échec peut être la conséquence d'un interdit inconscient de réussir (il est interdit de dépasser maman). Ce peut être dû à des limitations (excès de timidité, manque d'autonomie, émotivité trop forte…) issues de notre passé. L'échec nous guide vers les émotions que nous avons refoulées il y a longtemps, pour nous aider à libérer notre vrai moi.

Parfois, notre inconscient provoque l'échec pour nous rediriger, nous obliger à nous aventurer sur de nouveaux chemins. Il nous convie au lâcher-prise. La frustration est une invitation à reconsidérer nos solutions, une incitation à se poser de nouvelles questions.

Nos échecs peuvent être en réalité des succès, ou des portes pour nous ouvrir une plus grande et plus juste réussite. Le petit ami de Caroline l'a quitté. Elle a été désespérée pendant deux ans. Mais depuis qu'elle a rencontré Oreste, elle bénit le jour où Dominique est parti. Piotr a loupé le concours de médecine. Ouf! Grâce à ce revers, il a pu se diriger vers la passion qu'il n'osait s'avouer, faire de la musique ! Léa a été licenciée, elle avait tout donné dans son travail, mais les erreurs s'accumulaient et la patronne a craqué. Heureusement, car la jeune femme a lancé son entreprise de création de vêtements sur Internet. Ce qu'elle n'avait jamais osé faire. Sans compter qu'elle n'en avait pas le temps.

Réussir n'est pas toujours si chouette que ça ! David n'a pas cette chance de rater, il réussit tout, gravit les échelons et se sent de plus en plus enfermé dans une vie qu'il ne choisit pas. Régina est la *success woman* dans toute son excellence. Brillante, elle transforme en or tout ce qu'elle touche. Elle a un poste élevé dans une grande entreprise d'envergure mondiale. Tout le monde lui envie les voyages en avion et l'apparente liberté dont elle dispose. Elle regarde avec envie les cuisines des restaurants dans lesquels elle déjeune. Mais elle ne se laisse même pas rêver de monter ce petit salon de thé bio qu'il lui aurait tant plu d'ouvrir.

L'échec est cuisant, nous en faisons une blessure narcissique. Nous avons tendance à l'utiliser pour confirmer des croyances négatives. Il est important de traverser l'angoisse suscitée par l'échec, et d'oser l'envisager comme une permission. Parfois, l'échec est une meilleure idée que la réussite !

Théa témoigne, j'ai tout perdu cette année, mari, appartement, boulot, je me suis retrouvée sans rien. Je suis partie en voyage. C'était une expérience magique, quelle légèreté, ne pas savoir de quoi demain sera fait, être là, vivre, vivre simplement, jour après jour. Sans avoir de projet, sans être inscrit dans un système… Je n'ai jamais été aussi libre. Je souhaite cette expérience à tout le monde, c'est fabuleux. Bon, c'est dur! Mais c'est une aventure extraordinaire. Je n'aurais pas voulu ne pas la vivre.

L'échec peut aussi bien sûr être dû à des causes externes. Il s'agit alors de s'adapter aux circonstances. Nous connaissons le monde par la résistance qu'il nous oppose. On peut toujours reconsidérer un échec comme une réponse à une question que nous n'avons pas encore posée.

Chaque échec fait tomber une pelure de l'oignon, et nous sommes chaque fois plus près du sens de la vie, de notre être essentiel. La joie ne surgit décidément pas du confort et de la réussite de toutes nos entreprises. Elle surgit quand on se sent pleinement vivant. La joie naît du déséquilibre. L'échec, l'épreuve la permettent plus sûrement que quand « tout va bien »[1].

Vive la contrainte

La liberté procure de la joie, la contrainte met le cerveau sous stress. Oui, c'est vrai. Et, le stress est la réaction d'adaptation de l'organisme, il est aussi motivation. C'est l'excès de stress qui est dangereux, pas le stress en lui-même. Nous pouvons ouvrir notre conception de la contrainte. La liberté n'est pas l'absence de contrainte. D'une part cette dernière est impossible, d'autre

---

1. Pour vous accompagner sur ce chemin, vous pouvez utiliser mon *Petit Cahier d'exercices pour se relever d'un échec*, paru chez Jouvence en 2015.

part, les contraintes sont facteurs de créativité, parce qu'elles nous obligent à repenser les choses, à les faire rentrer dans des structures, des cadres. Et l'exercice de la créativité et de ses compétences est source de joie ! La créativité s'exprime au sein de contraintes. Que ce soit en peinture, en sculpture, les contraintes du matériel obligent à développer de l'ingéniosité, à sortir des sentiers battus, des habitudes… Un obstacle sur le chemin que vous avez l'habitude de prendre ? Cette obligation de passer ailleurs peut être l'occasion de découvrir de nouveaux espaces. « Je ne suis jamais passé par là. »

Il y a les contraintes qui enferment, et celles qui libèrent. Plus qu'une totale liberté, c'est le libre arbitre qui est nécessaire aux humains, la liberté de choisir, de dessiner sa vie.

J'ai peur, on y va !

Être en sécurité est essentiel. Être certain de rester en vie jusqu'à la fin de la journée n'est hélas pas donné à tous sur cette terre. L'insécurité nous conduit à activer le circuit de stress pour faire face à toute éventualité dans un environnement changeant. Un revenu de base inconditionnel assurerait une sécurité financière réduisant notablement le stress, la peur et la honte. La sécurité fait partie des besoins de base.

Pour autant, nous avons intégré cette idée que la peur nécessiterait d'être rassurée. Et donc, nous cherchons à rassurer les gens qui ont peur et tout le monde tente aussi de nous rassurer, depuis nos parents quand nous sommes petits, jusqu'à nos conjoints plus tard, et nos enfants quand nous serons vieux, quand nos « J'ai peur de mourir » obtiendront en réponse automatique : « Mais non, qu'est-ce que tu vas chercher là, tu as encore de beaux jours devant toi ! » Il est effectivement agréable d'être rassuré. Mais ce n'est ni approprié, ni efficace sur le long terme. Quand nous rassurons quelqu'un d'inquiet, qu'il s'agisse de notre enfant, de notre femme, d'un ami, d'un collègue ou d'un parent âgé, il n'est calmé que pour quelques minutes ou quelques heures. Il est aussi de plus en plus dépendant de nous.

La peur est une réaction naturelle et saine face au danger. Elle nous permet de sauter de côté quand une voiture surgit, elle ouvre tous nos sens, augmente notre vigilance, nous fournit l'énergie pour agir, fuir ou nous figer selon l'ennemi. Aucune réassurance n'est évidemment bienvenue pour cette peur-là qui est à utiliser pour assurer sa survie. Après la peur, après le trauma, quand nous tremblons et pleurons pour relâcher les tensions, nous pouvons avoir besoin de bras. Mais il s'agit davantage de consolation que de réassurance.

L'anxiété est anticipation du futur, préparation à agir. Elle permet d'envisager le pire, de mesurer les risques. C'est pour cela que les grands patrons sont de grands anxieux. Ils analysent plus que les autres les aléas. C'est aussi pour cela que ceux et celles qui sont le plus anxieux avant un examen le réussissent mieux que les confiants. Ils se préparent davantage ! Nous comprenons que rassurer une personne anxieuse est évidemment contre-productif.

L'inquiétude n'est ni une réaction physiologique au danger ni une anticipation positive. Réaction émotionnelle parasite, elle est fréquemment due à la répression de la colère. C'est un processus mental de surestimation des risques cumulé à un manque de pouvoir personnel. Rassurer est tout à fait inutile. La personne vous envoie en général balader si vous le tentez, car vous êtes à côté du problème. Prendre dans les bras, dire que nous sommes là, c'est nourrir le versant de l'amour, de la connexion. Or, la personne a besoin de développer son pouvoir personnel.

Privilégier la sécurité est facteur de confort, pas de joie. Dans le film éponyme, le Petit Prince dit: «J'ai peur. On y va!» Belle leçon! Le message du Petit Prince est clair. La peur est une émotion, elle est naturelle, elle nous informe du danger, mais elle ne doit pas avoir le pouvoir de nous freiner.

L'Américain d'origine chinoise Jia Jiang raconte son voyage intérieur dans son livre *Rejection proof* et dans un TED[1]. Quand il a pris conscience qu'il était freiné dans ses projets parce qu'il craignait excessivement le rejet, et que toutes les réassurances de ses proches restaient sans effet, il a décidé de se désensibiliser en provoquant un rejet une fois par jour pendant cent jours. Son livre est terriblement inspirant. En s'exposant ainsi, il a découvert d'une part qu'un rejet ne pouvait le détruire, et d'autre part que les gens n'avaient guère envie de le rejeter malgré des demandes vraiment excessives, comme demander un donut (gâteau) en forme d'anneaux olympiques pour tout de suite, ou frapper à la porte d'un inconnu au hasard des rues pour lui demander l'autorisation

1. https://www.youtube.com/watch?v=ZFWyseydTkQ

de se faire photographier dans son jardin en train de shooter dans un ballon. Après ses cent jours d'expérimentation, Jia Jiang éprouve un sentiment de pouvoir, de liberté et de joie, qu'il ne connaissait pas avant.

Qu'est-ce que j'ai dans mon sac à dos ?

Peur de sauter, peur de danser, peur de passer à la télévision, peur d'échouer… Ces peurs, liées à la honte, à la crainte de la vulnérabilité, du châtiment, nous empêchent d'agir, d'oser, de sortir des habitudes et des sentiers battus, donc limitent nos chances de réussir, de nous accomplir, de développer de la joie.

Quand le rétroviseur nous hypnotise

Depuis longtemps les psychothérapeutes posaient l'hypothèse que nombre de troubles psychiques avaient pour origine des abus subis dans l'enfance. C'est désormais démontré. Les abus, la maltraitance ne marquent pas que le psychisme, mais s'inscrivent biologiquement. En examinant l'ADN d'hommes et de femmes adultes souffrant d'un trouble de la personnalité dite *borderline*[1], des chercheurs ont observé des modifications épigénétiques chez ceux qui avaient été maltraités durant leur enfance (abus physique, sexuel et émotionnel, carences

1. Personnalité marquée par l'instabilité émotionnelle, l'impulsivité, l'alternance rapide de je t'aime/je te déteste dans les relations aux autres.

affectives…). La modification étant proportionnelle à la violence de la maltraitance.

Notre vécu a aussi un impact sur ces gènes qu'auparavant on pensait fixés une fois pour toutes à la conception. Des chercheurs de l'université de Genève[1] ont mis en évidence une trace biologique dans l'ADN. Les télomères (les bouts de branches de l'ADN) peuvent être abîmés, voire raccourcis, par la maltraitance, la pauvreté et le stress. Et l'altération se transmet sur au moins trois générations. Nous n'avons pas un recul suffisant pour être certain de la suite, d'une part parce que les humains ne se reproduisent pas aussi vite que les souris, d'autre part parce qu'il est évident qu'on ne va pas sacrifier une génération sans réparer. Car heureusement ça se répare.

La maltraitance éducative n'impacte pas seulement notre matériel génétique. Crier, punir, menacer, faire peur ou honte à un enfant, le soumettre à la violence, ou l'obliger à en être témoin suractive son amygdale, ne lui permet pas d'élaborer les circuits reliant le cortex préfrontal aux zones émotionnelles plus profondes pour réguler impulsions et émotions. Trop de peurs, de stress, de traumas dans notre enfance peuvent avoir altéré nos capacités à la joie. Cela aussi se répare.

1. Groupe de recherche du professeur Alain Malafosse, département de Psychiatrie de l'UNIGE (université de Genève), en collaboration avec le département de Générique et Développement.

Nous ne sommes pas toujours conscients de ce que nous portons dans notre sac à dos. Nous ne devrions transporter que des ressources, de l'utile pour notre route. Nous portons souvent des blessures du passé. En fait, nous portons tout ce qui n'est pas résolu en nous. Ainsi que, la science nous le prouve aujourd'hui, ce qui n'a pas été résolu par nos ancêtres. Nous portons les traces du passé dans nos habitudes, mais aussi dans notre épigénétique et même dans notre génétique.

Quand nous sommes guidés par nos peurs plus que par nos désirs, quand nous opérons nos choix sur la base de la crainte plus que sur celle de la joie, quand notre passé nous rattrape, nous pèse, nous entrave, il est temps de guérir notre histoire. C'est comme si nous marchions à reculons, ou les yeux rivés sur le rétroviseur. Du coup, nous ne voyons pas bien la route, nous avons d'une part tendance à tourner en rond, d'autre part, le moindre obstacle va nous faire chuter. Regarder dans le rétroviseur, c'est important, mais pas en permanence, juste pour vérifier que la voie est libre pour doubler, freiner, ou tourner.

Tout trauma ou situation de contrainte durable, générant du stress, est susceptible d'impacter le psychisme et le corps sur une longue durée, parfois des dizaines d'années. Nous savons aujourd'hui que le stress et le trauma altèrent les gènes et que ces altérations peuvent se transmettre aux générations suivantes. Nous pouvons avoir hérité de gènes abîmés par la maltraitance subie par nos parents ou grands-parents.

Si l'environnement peut affecter négativement l'épigénétique, il peut aussi l'affecter positivement. Un attachement sain, des réponses appropriées aux besoins de l'enfant, l'écoute et l'accompagnement de ses émotions, non seulement protègent l'ADN, mais peuvent le réparer quand il est altéré. La maltraitance subie dans l'enfance nous rend plus sensibles au stress et à la dépression et donc diminue notre accès à la joie, mais on peut restaurer sa capacité à vivre la joie. On peut réparer ses télomères et modifier les couches épigénétiques grâce à la psychothérapie, l'expression émotionnelle, la méditation, l'exercice physique et une nutrition appropriée !

La bonne nouvelle est que nous pouvons aussi réparer nos gènes. La psychothérapie nous aide à comprendre comment les nœuds se sont liés dans notre psychisme, mais surtout à les dénouer. Le travail corporel et émotionnel permet de libérer l'énergie bloquée. J'ai décrit en détail ce travail dans mon livre *Je t'en veux, je t'aime*[1], je vous laisse vous y reporter. La psychothérapie a énormément évolué ces dernières années, elle dispose d'outils extrêmement efficaces et rapides tels que les mouvement oculaires bilatéraux, les stimulations bilatérales, les tapotements. Elle a gagné aussi en précision diagnostique, nous savons faire la différence entre une émotion et une réaction parasite, affiner ce qui a besoin d'être exprimé et ce qui doit être analysé et calmé, trier entre les douleurs à consoler et celles qui sont à crier. Les courants humaniste et cognitivo-comportementaliste se rejoignent, les derniers s'ouvrant aux émotions et les premiers utilisant de plus en plus de techniques cognitivo-comportementales. Les psys d'aujourd'hui puisent dans diverses écoles les outils les

1. Lattès, 2004, et Marabout, 2014.

plus pertinents. Au-delà des techniques, le plus important est l'ouverture du cœur du thérapeute. La question qui doit nous guider pour le choix de la personne est : « Comment je me sens avec elle ? »

La méditation ancre ces résultats, évite les rechutes, permet de trouver en soi un espace de stabilité et de sécurité pour considérer son histoire sans plus s'y identifier. Elle autorise aussi une meilleure régulation de nos émotions.

L'exercice physique, lui, développe nos réseaux de neurones et permet une meilleure intégration des différentes parties de notre cerveau. Sauter sur un trampoline quelques minutes chaque matin peut restaurer la motivation plus efficacement qu'une heure de thérapie par semaine.

Une nutrition appropriée, chargée en vitamines, minéraux, en bonnes graisses favorisant un juste rapport oméga 3/oméga 6, va permettre une meilleure conductivité de l'information dans nos neurones. La thérapie seule échoue parfois tant le cerveau manque de graisses, tant l'inflammation des tissus pompe d'énergie ou tant l'organisme s'est peu à peu adapté à des colonies de bactéries pathogènes dans les intestins, une faiblesse thyroïdienne, des taux d'hormone déséquilibrés, etc.

En sus, le neurofeedback est une technique nouvelle de réinformation du cerveau spectaculairement efficace[1]. Le film de

---

1. Le NeurOptimal® est l'un des neurofeedbacks les plus performants à l'heure actuelle – http://www.zengar.com
Liste des praticiens sur www.adnf.org

Michel Meignant, *Le Bonheur dans les neurones*, est particulièrement explicite et si les résultats paraissent extraordinaires, d'expérience, ils sont tout à fait réalistes.

Inutile de marcher toute sa vie en regardant le passé, les techniques d'aujourd'hui nous permettent de nous en libérer. On a davantage de chances d'arriver à la destination que nous avons choisie et d'éviter les obstacles si nous regardons devant nous.

Et puis, lorsque les blessures de notre histoire sont guéries, elles deviennent autant de ressources. Chacune a forgé l'être que nous sommes aujourd'hui. Chaque épreuve nous a appris, nous a fait développer des compétences, a affiné nos perceptions. Quand on a guéri son histoire, au lieu de se sentir en insécurité sur son axe de réalisation, on peut s'éprouver comme le produit de cette histoire, sentir cette sécurité intérieure. Notre histoire, c'est notre passé, c'est nos racines, c'est notre ancrage. Autant qu'il soit solide. Nous pourrons aller plus loin.

La joie est un guide de choix

La joie est l'émotion de l'accomplissement. Elle surgit quand notre vie prend tout son sens. Elle nous dit que nous sommes en train de marcher sur notre chemin. La joie dit ce qui est juste. Non pas dans l'absolu, mais juste pour nous, à l'instant T. Quand nous nous égarons, nous perdons la joie. Les peurs, la honte, la colère opacifient alors notre avenir et nos relations avec les autres.

Quand nous hésitons à aller à droite ou à gauche, nous pouvons utiliser la technique du filtre de la joie. Nous sommes parfois paralysés pendant des heures voire des mois par l'impératif de faire le *bon* choix. Le bon choix est une illusion. Il n'y a pas de bon ou de mauvais choix. Il y a ceux que l'on fait, qui vont dessiner notre vie. C'est notre seule vie. C'est donc le bon choix. Parfois nos choix nous engagent durablement sur une voie et, une fois que nous sommes en train de rouler sur cette autoroute, la prochaine sortie peut se trouver à des kilomètres. C'est vrai. Même si parfois, nous loupons les panneaux indiquant d'autres issues et dérivations, tant nous attendons « LA » sortie. Prenons donc le temps d'analyser la route avant de partir.

Dresser la liste des avantages et inconvénients de chaque choix ne nous permet pas toujours de trancher. Car la vie n'est pas logique pure ! Et le meilleur choix pour l'un ne l'est pas forcément pour le voisin. Chaque personne est unique ! Chaque chemin de vie est unique. Et qui sommes-nous pour juger du parcours de l'un ou de l'autre ?

Pour opérer nos choix en conscience et sentir que nous roulons sur la route que nous avons choisie plutôt que sur une dérivation obligatoire dessinée par nos ancêtres ou la pression sociale, il suffit de se représenter le futur dans chaque option et de sentir nos sensations. S'il y a de la joie, c'est le bon chemin. Nous écoutons trop souvent nos peurs et nos hontes, ces dernières nous invitent à nous cacher, à opter pour le confort et la sécurité. Hélas, le danger est alors bien plus grand, il est celui de regretter de ne pas avoir vécu sa vie.

En quête d'une sécurité matérielle, nous risquons de sacrifier notre liberté. Quand la peur ou la honte sont trop fortes, il est important d'en repérer la cause et de les libérer d'abord. Elles risqueraient de se mettre en travers de notre route.

Que nous ayons à opérer un choix engageant notre futur : vais-je faire des études de médecine ou de philosophie[1] ? ou simplement à opter pour accepter ou non de faire cet exposé en réunion de direction, pour des courgettes ou des haricots au dîner, pour sortir au restaurant, mettre un surgelé au micro-ondes ou mitonner un petit plat à la maison, téléphoner ou non à cette personne rencontrée lors d'une soirée, se porter volontaire pour une action humanitaire, donner du sang… nous opérons des milliards de choix. Les plus petits choix du quotidien dessinent eux aussi la qualité de notre vie. Leur prêter attention, c'est vivre plus consciemment. Réaliser que la joie n'est pas réservée aux grandes occasions, mais peut être présente au quotidien, dès lors que nous avons conscience de nos actes, de leur portée, conscience d'avancer sur notre chemin, conscience de grandir.

Passer les options au tamis de la joie nous permet de choisir en fonction d'un critère important, celui qui donne du sens à notre vie.

---

1. Note à destination de mes lecteurs anglo-saxons. En France, on ne peut faire en même temps des études de médecine et de philosophie. Une seule voie doit être choisie par l'étudiant. Et s'il réalise que ce n'était pas ce qu'il pensait, il ne peut changer en cours d'année ! Les Français ne peuvent même pas imaginer un système de choix de matières aussi libre que le vôtre.

Quand un choix s'offre à nous, nous avons à notre disposition toutes sortes de stratégies pour emberlificoter la situation et ne plus savoir : nous pouvons faire suivre chaque proposition d'un *mais*, nous pouvons comparer point à point chaque avantage, nous pouvons faire la liste des avantages et des inconvénients et nous piéger dans un cadre de pensée tellement étroit qu'il devient difficile de réfléchir. Mais : J'ai envie d'être médecin, mais j'ai peur que ce ne soit trop difficile pour moi. J'aime la philosophie, mais pas étudier les philosophes…

Comparer point à point :

La faculté de médecine est tout près de chez moi, tandis que pour faire de la philo, c'est plus loin et il faudra prendre une chambre proche de l'université. Les études de médecine durent plus longtemps que celles de philo.

Avantages et inconvénients :

Pour prendre des décisions efficaces, nous avons intérêt non pas à comparer point à point, mais à comparer la totalité d'une option avec la totalité de l'autre. Sinon, la balance va de l'un à l'autre sans cesse. De plus, opposer deux options nous coince forcément. Dans son best-seller *Une tête bien faite*, le psychologue anglais Tony Buzan propose d'ajouter une troisième colonne pour décoincer la pensée. La colonne « intéressant » regroupe « ce qui peut sortir d'inattendu », « ce que je pourrais apprendre de la situation », tout ce qui n'est finalement ni blanc ni noir, mais porteur de sens, source éventuelle de croissance.

Les + des études de médecine	Les – des études de médecine	Ce qui est intéressant
La fac de médecine est proche	C'est dur, il faut beaucoup travailler	Je rencontrerai des gens nouveaux
J'aime aider les gens	Les études sont longues	Je ferai l'expérience de vivre autonome, sans les parents
Etc.		Ça me permettra de tester ma mémoire

Tony Buzan est aussi le créateur des cartes heuristiques (*mind map*, aussi appelées cartes mentales) qui sont utilisées partout de nos jours pour libérer la pensée, trouver de nouvelles idées, sortir du cadre restreint de nos habitudes mentales, enrichir nos représentations, envisager les choses depuis un autre point de vue, pister les écueils, visualiser les associations et les croyances, enrichir nos perceptions et nos représentations.

Lorsque la décision engage notre futur, nous avons tout intérêt à utiliser d'abord au moins une des techniques de Tony Buzan, les trois colonnes ou la carte mentale pour chaque option. Nous pouvons aussi faire d'abord une carte mentale, puis répartir les bulles dans les trois colonnes.

Ensuite, nous passons le tout au tamis de la joie (en étant attentif à ne pas la confondre avec le plaisir). Il s'agit de permettre à notre zone frontale de faire son travail d'anticipation. Confortablement installé, nous regardons devant nous et projetons deux écrans imaginaires, l'un à droite, l'autre à gauche, pour voir notre futur dans chaque option. Sur un des écrans, nous nous projetons dans le choix 1, plusieurs années après l'avoir fait. Une fois médecin, donc. Prenons le temps de construire toute l'image, il y a le visuel, mais aussi l'auditif. Je me projette médecin. Qu'est-ce que je me dirai ? Qu'est-ce que j'entendrai (de mes parents, par exemple) ? et le somesthésique et affectif : Qu'est-ce que je ressentirai ? Bref, quel goût cela a pour moi d'être médecin ? Une fois cette image bien installée, nous allons sur l'autre écran et procédons de même avec la seconde proposition.

Les deux films face à nous, nous pouvons enfin comparer. Observons tout d'abord la luminosité de chacun, la vivacité des couleurs, l'intensité des sons. Il est maintenant temps de juger, laquelle des deux représentations nous remplit le plus de joie ? C'est la bonne route, parce que c'est la nôtre !

Nous associons parfois l'idée de liberté à celle de « pouvoir faire n'importe quoi », ou pouvoir faire tout ce qu'on veut, sans poser de limite à nos désirs. Mais une personne qui fume parce qu'elle désire fumer, est-elle libre ? Ou la plus libre serait-elle celle qui ne fume pas parce qu'elle l'a décidé ? La véritable liberté implique la responsabilité. La liberté est au service des besoins, pas toujours des désirs, lesquels peuvent être destructifs ou motivés par des addictions.

Une expérience de psychologie sociale nous montre le pouvoir de la liberté. Devant un autobus, une personne dit ne pas avoir d'argent pour rentrer chez elle et demande aux passants de quoi prendre le bus en les informant : « Ça coûte un euro. » Résultat, 10 % des gens donnent cinquante centimes. Mais lorsqu'elle ajoute « vous êtes libre de me donner », 47 % des gens donnent un euro ! La différence est spectaculaire. Moralité, les gens sont naturellement généreux et disposés à vous donner ou à faire ce que vous attendez à moins qu'ils n'y soient contraints.

Quand nous nous sentons libres de nos choix, quand on nous laisse notre libre arbitre, ou qu'on nous donne l'impression de l'exercer, nous nous sentons respectés et pouvons donner davantage. C'est le même phénomène qui fait que donner un choix à un enfant lui évite de faire une crise d'opposition. Si nous disons à l'enfant : « Viens au bain. » Il risque de résister. Tandis qu'en lui disant « Tu préfères ton canard jaune ou le bateau bleu dans ton bain ? », il fonce à la salle de bains. Toutes les techniques qui sollicitent le cerveau préfrontal, comme dire un seul mot plutôt que de faire une phrase entière, vont être particulièrement efficaces. Parce qu'elles respectent le libre arbitre.

Décidément, liberté n'est pas suivre tous ses désirs instantanément et sans tenir compte de l'environnement ! La liberté, c'est exercer son libre arbitre, choisir en fonction des éléments qui nous permettent de prendre la meilleure décision.

« La liberté signifie la responsabilité ; c'est pourquoi la plupart des hommes la craignent », a dit George Bernard Shaw. Une femme musulmane ayant choisi de se voiler (contre l'avis de son mari) m'expliquait qu'elle était ainsi sortie de l'anxiété qui caractérisait sa vie. « Je n'ai plus à me poser de question, me disait-elle. On me dit exactement quoi faire, je n'ai pas de responsabilité, je ne peux plus me tromper. » C'est vrai, suivre aveuglément un dogme, ou un gourou, nous soulage de la responsabilité de notre vie. Mais nous sommes dotés d'un cerveau préfrontal, nous sommes faits pour nous poser des questions ! Et apporter nos propres réponses. « Renoncer à sa liberté c'est renoncer à sa qualité d'homme, aux droits de l'humanité, même à ses devoirs. [...] Une telle renonciation est incompatible avec la nature de l'homme, et c'est ôter toute moralité à ses actions que d'ôter toute liberté à sa volonté. » Jean-Jacques Rousseau

4.

Vivre le présent en conscience

Je marche le long de la mer. Je suis en train de ratiociner toute seule sur mes erreurs relationnelles de la veille. J'ai dit ceci, quelle maladresse ! J'aurais plutôt dû intervenir comme cela… Puis, tout à coup, je me souviens ! Je me rappelle à moi-même. Stop ! Je suis ici et maintenant. Je regarde autour de moi. Je vois la mer. Le soleil. Je marche vite. Je sens mon corps vivant. Une bouffée de joie m'envahit. Certes, c'est plus facile au bord de la mer et un jour de soleil… Mais il y a toujours moyen de réaliser la merveilleuse beauté de la vie, sa fabuleuse complexité, l'infiniment petit, l'infiniment grand… Je prête attention aux sensations que j'éprouve. J'écoute ma respiration. Je tente de percevoir le concert harmonique que jouent les cellules du corps, en permanence. En dehors de notre conscience, chacune d'entre elles joue sa partie, à l'écoute des autres, s'accordant. Je prête attention à toute cette vie en moi. Tout en restant en contact avec La Vie en moi, je vois La Vie dans la végétation qui m'entoure, les animaux, les autres humains… Je vois les cellules, les particules. Je sens combien je fais partie de ce vivant. Je vis intensément cet instant. Entièrement là. Je marche désormais le sourire aux lèvres.

S'émerveiller

Prêter davantage attention aux autres, à la beauté du monde qu'à notre propre personne nous permettra de vivre davantage de joie au quotidien. Nous naviguons tous ensemble sur la même planète… La fabuleuse beauté de ce qui nous entoure devrait retenir davantage notre attention qu'un point noir sur notre visage ou un bourrelet autour de notre taille ou de celle de la voisine.

La capacité d'émerveillement est probablement l'antidote du défaut de confiance en soi, car cela nous permet de sortir d'excessives focalisations sur soi. Hélas et paradoxalement, cette aptitude est souvent jugée comme infantile ! « Il s'émerveille comme un bébé ! » « Il regarde le monde avec des yeux d'enfant » – cela signifie avec naïveté, d'un regard non adulte, qui ne sait pas… Le problème, c'est donc que pour « faire adulte » nous ne pouvons plus nous émerveiller. Vanner, critiquer, se montrer « au-dessus de ça », être blasé, se montrer celui « à qui on ne la fait pas », voir le détail qui cloche, ça, ça vous pose un homme, ça lui assure de l'admiration, du statut social, « lui, il sait »… et éloigne d'autant de la joie. Le contact avec un petit enfant nous ressource et nous reconnecte à nos capacités d'émerveillement, nous pouvons à son côté nous éblouir d'un pétale de pâquerette, d'un marron, d'une fourmi ou d'une coccinelle.

La joie ne s'oppose pas à la connaissance. Savoir que des milliards de bactéries vivent dans mes intestins, sont organisés en sociétés, s'entraident et dirigent quelques-uns de mes comportements, alimentaires notamment, me fascine !

Connaître les lois de la diffraction de la lumière ne nous empêche pas de regarder avec éblouissement un arc en ciel. Voir des images de notre petite planète bleue flotter dans le vaste océan de l'univers est bouleversant.

La ville ou la campagne ?

Le béton nous sépare de la terre. Trop de béton nous sépare de nous-mêmes. Dans la nature, on se retrouve. La verdure calme le stress et tempère le cerveau. Se promener quatre-vingt-dix minutes dans un parc tranquille et vert modifie notre flux sanguin et améliore notre santé mentale plus que marcher le long d'une route bruyante et fréquentée[1]. La simple présence de la nature améliore l'humeur[2], même si vous rencontrez toujours les mêmes difficultés dans votre vie. Notre corps n'a pas besoin de se défendre contre toutes sortes de toxiques dans l'air, et puis c'est vert ! La forêt calme le cerveau, même en photo !

Et pourquoi pas coopérer avec la nature en cultivant par exemple ? Faire pousser ses légumes, même sur son balcon[3], est source de joie, parce que c'est vert, parce que c'est accompagner la vie. C'est une occasion de s'éblouir de cette croissance, de cette incroyable force vitale qui anime le tout petit bout de pousse. C'est aussi le nourrir, en prendre soin

1. Bratman et ses collègues.
2. Lambin, Éric, *Une écologie du bonheur*, coll. Essais, éd. du Pommier.
3. Monpotager.com

et éprouver la fierté qu'il nous donne un jour des tomates cerises. Tout cela nous remplit de pure joie.

Privilégier le contact avec soi-même

Le contact avec soi-même, l'intimité, c'est l'écoute fine et sans jugement de nos sensations, de nos émotions, de nos pensées à chaque instant. C'est aussi la conscience d'être à chaque instant au croisement du plan horizontal et de notre axe vertical, à l'instant présent. La joie est issue du contact intime. Lequel n'est possible que lorsque nous sommes en accord avec nous-mêmes, avec nos valeurs, et donc libérés de nos hontes et peurs anciennes. En restant attentifs à nos sensations, nous prenons racine à l'intérieur de nous, nous nous installons en nous.

Arrêt sur image, la conscience du temps qui passe

« Que le temps passe vite ! » Quand on est jeune, le temps paraît parfois long. Plus on vieillit, plus il raccourcit. L'accélération de nos moyens de transport, le flux d'informations, l'instantanéité de notre accès à nos proches par le Smartphone ne font qu'augmenter cette sensation de temps qu'on a à peine le temps de vivre qu'il est déjà passé. On dit parfois qu'on ne sent pas passer le temps quand on est heureux et qu'on le sent douloureusement lent quand on est malheureux. Quel dommage de rater ainsi la conscience des temps de joie ! De temps à autre, nous pouvons prendre conscience : « Je suis ici et *maintenant* sur ma ligne du temps. Je suis présent à mon présent. » Plus nous avons conscience de notre ligne du temps, de cet axe vertical qui donne sens et direction à notre vie, plus nous avons de facilité à évoquer ce présent comme résultante de notre passé, portant en germe notre futur. Quand nous sommes en interaction forte avec nos proches ou impliqués dans une action importante, la question ne se pose même pas. Nous nous sentons vivre. Mais nous avons l'habitude de juger comme des pertes de temps les moments intermédiaires, les temps d'attente, les temps de transport, les temps qui nous paraissent inutiles. Nous pouvons les rendre utiles en percevant combien nous sommes en train de vivre notre vie. « Je suis ici et maintenant. Je prends conscience que cet instant ne se reproduira plus jamais. Je suis en vie. Je suis au carrefour entre mon passé et mon futur. »

Exercice

Je suis là, peut-être en train d'attendre mon tour à la poste, peut-être en train de manger seul au restaurant, peut-être en train de conduire ma voiture, peut-être en train de faire des courses. Peu importe l'activité. Simplement, je me sens ici et maintenant, en vie ! Je sais que dans quelques instants ce moment ne sera plus. Je me sens en train de vivre ma vie, je me repère sur ma ligne du temps et surtout je déguste le simple fait de me sentir vivant.

S'accorder

Chacune de nos cellules vibre. Notre corps vibre. L'eau dans nos cellules vibre. Au sein de notre organisme, les informations sont transmises par des vibrations. Lorsque nos cellules vibrent à l'unisson, nous éprouvons de la joie. Les voies spirituelles parlent d'alignement.

Proposer tout à la fois l'intimité avec soi-même et l'oubli de soi, la méditation et l'absence de centration sur soi peut paraître paradoxal. Méditer n'est pas se centrer sur soi. On s'assied, on marche ou on fait la cuisine en conscience[1], prêtant attention à nos sensations internes, à nos pensées, à tout ce qui se déroule en nous. Nous portons notre attention sur nos réactions, sur nos tensions, sur l'énergie et le souffle qui nous parcourent. Dans un sens, on médite sur soi, mais ce soi n'existe pas en lui-même, il n'existe pas en tant qu'entité séparée.

« Méditer c'est faire le vide », pensent nombre d'Occidentaux. Dans ma compréhension et selon ce que j'ai appris de mes lectures des *sutra*, et du contact avec mes maîtres au Sri Lanka puis vietnamien et tibétain, il s'agit davantage de *réaliser le vide en soi*. Ce qui signifie réaliser que chaque chose est vide en soi, vide en elle-même, c'est-à-dire n'a pas d'existence séparée. Les termes « en soi » sont source de confusion pour les Occidentaux qui de suite en concluent que cela se passe à l'intérieur d'eux. *Réaliser le vide en soi*

1. Référence à mon livre sur la méditation pleine conscience en cuisine : *Bien dans sa cuisine, op. cit.*

ne signifie pas que nous ne devons rien avoir dans la tête, mais que nous réalisons que ce que nous projetons, avoir une identité, une forme, une existence propre, n'en a pas et n'est que pure énergie, pure vibration. Notre Soi comme le reste. Méditer, c'est utiliser son propre corps comme média, s'accorder à la vibration de la vie en soi, s'accorder donc à la vibration du monde.

S'accorder ne nécessite pas de rite compliqué, il suffit de synchroniser nos rythmes intérieurs, de se mettre à l'écoute, de porter notre attention sur nos sensations intéroceptives. Quand on s'arrête un peu, quand on débranche de la nécessité de réagir aux événements extérieurs, stoppons un instant les afférences externes, éteignons télévision, ordinateur et autres tablettes, et nous nous branchons sur l'intérieur, tout se calme. Enfin, pas tout de suite. Au début, nous voyons toutes sortes de choses défiler sur notre écran intérieur. Peu à peu, les pixels s'effacent, les impressions lumineuses s'estompent, les résonances des sons entendus se font plus rares. J'inspire, j'expire, j'inspire, j'expire. Un rythme respiratoire tranquille envoie au cerveau l'information : il n'y a pas de danger. Chaque organe se remet à son travail. Peu à peu, se calant sur le rythme d'une respiration profonde, les différents systèmes s'harmonisent. Les rythmes biologiques, nous l'avons vu, sont prévus pour cela, s'harmoniser les uns avec les autres. Les cellules se calent sur ce rythme… et peu à peu vibrent à l'unisson. L'univers est en vibration. Quand on est accordé, les synchronicités, ces « hasards » qui n'en sont peut-être pas, se multiplient, on appelle ça avoir de la chance ! Ces synchronicités que nous rencontrons nous font nous sentir moins seuls sur cette terre, tant elles sont la preuve que nous sommes reliés.

Dis, mamie, y pique mon pull !

Éprouver cette vibration à l'intérieur de soi nécessite de l'attention et une bonne conscience de nos sensations intéroceptives, celles qui nous informent sur ce qui se passe à l'intérieur de notre corps. Si vous êtes venu m'écouter en conférence, vous avez peut-être déjà entendu l'histoire du pull qui pique. J'ai été témoin de cette scène emblématique, il y a maintenant plus de trente ans. Elle reste d'actualité.

Dans la rue, une petite fille et sa grand-mère marchent main dans la main. La petite émet un léger :

— Dis, mamie, y pique mon pull !

La mamie répond d'abord machinalement, mais fermement :

— Non, il ne pique pas ton pull.

L'enfant insiste :

— Mais si mamie, y pique mon pull !

La mamie s'arrête de marcher, se tourne vers la petite fille et agite son index de manière menaçante.

— Non, il ne pique pas ton pull ! Et mamie, elle est douillette !

Quelle affirmation dans le ton de la mamie ! Que peut se dire la petite fille ? *Une grand-mère ça sait plus de choses sur la vie qu'une petite fille, c'est donc que mamie doit avoir raison. En plus, elle dit qu'elle est douillette. Je ne comprends pas pourquoi ma mamie insiste tant pour que ça ne pique pas. Je ne peux pas penser que ma grand-mère me ment sciemment… Donc mamie a raison… donc.. JE SENS FAUX !*

Nombre d'entre nous avons ainsi appris à ne plus écouter nos sensations intéroceptives, persuadés que nos sens nous abusent. Nous avons appris à ne sentir que ce que les adultes autour de nous disaient qu'il était approprié de ressentir. Nous nous sommes éloignés de nous-mêmes. La joie, c'est la conscience de se sentir vivre, c'est percevoir la vibration de la vie en soi. Comment sentir cette vibration si nous ne pouvons faire confiance à nos perceptions intéroceptives ? Il est urgent de les restaurer. Entendez-vous votre cœur battre ? Selon Manos Tsakiris de l'université de Londres, un quart seulement des sujets se sont montrés capables de mesurer les battements de leur cœur avec une précision de 80 %. Pour un quart, la précision était inférieure à 50 % ! Le scientifique a mis en évidence que cette capacité à compter les battements de son propre cœur est une assez bonne mesure des capacités d'intéroception d'une personne, de ses capacités à résister aux illusions d'optique et aussi d'affirmer son identité face à l'influence sociale.

Manger, bouger

«Je n'ai pas d'énergie, je dois faire un régime, faire de la gym… » On entend ça partout. Mais la plupart des régimes rendent ceux qui les suivent plus ou moins irritables, hypoglycémie et déficit de vitamines oblige. Et les clubs de gym encaissent notre argent sans que nous mincissions vraiment pour autant. Il faut dire que nous nous y épuisons un temps, sommes content(e)s de suer et de souffrir, c'est pour la bonne cause. Mais rapidement, nous n'y allons plus. Sans vraiment l'avoir décidé. Et puis la motivation n'est pas facile à maintenir. Pourtant, la posture, la tenue et la souplesse du corps sont essentielles pour éprouver la joie de vivre au quotidien. Une petite ou grosse bedaine qui nous alourdit, et notre disponibilité est déjà moindre. Nos muscles fondent vite et notre tonicité en pâtit. Or cette dernière est une dimension essentielle de la joie. Le périnée, les abdos sont les muscles de la joie de Vivre. Il est temps de redevenir le héros de notre propre vie.

Nous regardons la télévision cinq heures par jour et le plus souvent avachis dans un canapé. On savait intuitivement que la télé nous abrutissait, il semble confirmé aujourd'hui que la regarder affecte nos capacités verbales, notre développement physique, cognitif et émotionnel. Une étude parmi tant d'autres, publiée dans *The American Journal of Human Biology*, montre que les enfants sédentaires plus de trois quarts de leur temps, devant la télévision ou leur ordinateur, ont neuf fois moins de coordination motrice que ceux qui sont actifs ! Neuf fois moins ! Et ce n'est pas que pour les enfants. Certes, nous obtenons une gratification instantanée en regardant la télé. Notre cerveau produit des ondes alpha, nous sommes en relaxation, ça fait du bien. De plus, notre circuit de la récompense est saturé d'opioïdes. C'est ce qui explique tout à la fois que nous ayons tant de mal à éteindre notre poste alors même que nous sommes conscients de regarder une bêtise, et que les enfants fassent des crises terribles lorsqu'on appuie sur le bouton OFF de la télécommande. La chute brutale d'opioïdes déclenche alors de la douleur, du stress dans leur cerveau, qu'ils évacuent par une crise. Pour éviter la tempête cérébrale, il est utile de donner un verre d'eau à l'enfant juste avant d'éteindre et de lui parler bien sûr, de distraire son attention pour que son regard quitte l'écran trois ou quatre fois avant le moment d'éteindre – l'idée est valable pour tout type d'écran. Difficile de leur en vouloir de cette hypnose. Nous y succombons nous-mêmes ! Combien de fois nous surprenons-nous à zapper d'une émission à l'autre en soulignant « Il n'y a rien ce soir », le tout pendant plus d'une heure ? Nous regardons un bout de film. Nous n'avons pas vu le début, l'histoire est incompréhensible, mais il n'y a peut-être rien à comprendre. Ce sont des images. Ça bouge, ça fait du bruit, ça distrait, ça repose… ça hypnotise.

Mais le problème de la télévision n'est pas seulement l'écran, l'intensité lumineuse, la lumière bleue, le rythme des images, c'est aussi la passivité et le canapé ! Les muscles que nous n'utilisons pas s'atrophient. Et ne les exercer qu'une fois par semaine en salle de gym ne suffit pas à se maintenir en santé. Être assis est confortable, mais si nous restons assis trop longtemps, notre tonus musculaire et donc notre capacité à la joie diminuent. Cette dernière naît de l'exercice, du mouvement, de l'action. Le cerveau nous sert à penser, mais à la base, il permet surtout notre mobilité. Sa fabuleuse complexité nous permet de marcher, de courir, et s'il a développé la conscience, c'est pour que nous sachions où nous diriger. La pensée est du mouvement intériorisé. Et le mouvement est utile aux capacités intellectuelles. Grimper à un arbre augmente de 50 % les capacités mémorielles !

Sans ressort ? Dépressif ? En surpoids ? C'est une question de métabolisme du sucre et aussi de tonus ! Dans notre corps, ce qui s'utilise se renforce, ce qui ne l'est pas s'atrophie. Qu'est-ce qui se passe pour notre cœur, pour nos muscles, pour notre métabolisme, lorsque nous restons assis près de dix heures par jour ? Pour la plupart d'entre nous, à peine levés, nous nous asseyons dans une voiture ou cherchons une place assise dans le train. Puis nous passons notre journée face à un écran sur une chaise de bureau avant de nous précipiter de nouveau sur une place assise dans les transports. Le soir, encore un peu d'écran et de télé avec une pause pour le dîner… Pourtant, qu'est-ce qui nous empêche de regarder la télévision debout ? Notre culture ! « Mais assieds-toi ! » « Tu ne veux pas t'asseoir ? » Tenter de rester debout dans un salon semble menacer l'équilibre général tant l'insistance à nous faire asseoir est grande. Seulement voilà, assis, nous avons une nette tendance au tassement du bas du dos, à laisser tomber les épaules, abdomen relâché (c'est-à-dire sorti vers l'avant), muscles dorsaux détendus et perdant leur tonicité. Si nous avons une taille dans la norme, notre siège est trop haut, nos genoux sont plus bas que le bassin, nos cuisses ne sont pas à l'horizontale, ce qui induit des stases veineuses dans les jambes. Cette posture assise nous invite à respirer haut dans la poitrine plutôt que dans le bas des poumons, souligne la docteure Bernadette de Gasquet[1]. Nous aimons nous enfoncer dans des canapés profonds, incliner nos sièges vers l'arrière, ce qui augmente le glissement des fesses vers l'avant et le tassement général du corps. Quand on est assis toute la journée, tout ce qu'on a envie de faire, c'est de rester assis. Peu à peu nos muscles fondent. La recherche montre de manière consistante que rester assis est un facteur de risque indépendant de mauvaise santé et de décès prématuré. Et ce, même si on fait régulièrement de l'exercice. Et quand je dis faire de l'exercice… Des études ont montré que pratiquer de l'exercice physique cinq heures par semaine est insuffisant pour améliorer notre santé si nous restons assis le reste du temps ! Et la plupart d'entre nous sont loin de faire ces cinq heures de gym par semaine ! Rester assis trop longtemps altère la joie de vivre et diminue la motivation. Comment se fait-il que nous continuions à maintenir nos enfants assis à l'école si longtemps ? En France, ils ont les fesses vissées sur leur chaise 864 heures par an, contre 804 heures dans le reste de l'OCDE. Nos collégiens : 991 heures contre 916 ailleurs ! Dès qu'ils sortent de l'école, nous leur demandons encore de rester assis dans la voiture, le bus ou le train. Pis : lorsqu'un enfant se montre turbulent, il arrive encore à l'école ou à la maison qu'on le consigne sur un banc ! Nos cerveaux sont-ils à ce point atrophiés que nous proposions de telles

---

1. De Gasquet, Bernadette, *Abdominaux, arrêtez le massacre*. Éd. Marabout.

punitions aggravant évidemment le problème ? Courir donne du plaisir, certes, et une punition a pour but de retirer du plaisir à la personne. Mais courir ne donne pas seulement du plaisir, cela donne du carburant pour réussir à se concentrer en classe et à maîtriser son comportement. Être au coin ou assis sur un banc ne remplit que de rancœur.

Quand on éprouve de la joie, on a envie de courir… Et quand on court, on éprouve de la joie ! Nombre d'études ont été menées sur la course à pied. Il en ressort que vingt minutes de course sont suffisantes pour augmenter de manière significative le niveau de dopamine. Plus on s'entraîne, plus la production de dopamine est importante. Après, la dopamine diminue et laisse la place à la sérotonine, laquelle nous procure ce bon sentiment de satisfaction intérieure. Dans une étude de 2008, des coureurs d'endurance avaient des niveaux d'ocytocine significativement plus élevés après un marathon.

Des chiens de prairie[1] mâles courant dans des roues plus de six semaines montrent des modifications de leur système nerveux liées à une production accrue d'ocytocine et se lient rapidement et solidement quand des femelles sont introduites dans leur cage, alors que les mâles qui n'ont pas fait d'exercice manifestent peu d'intérêt pour les femelles.

Quand nous faisons un effort physique, notre cerveau libère de la dopamine dans des régions précises, mais si nous nous entraînons régulièrement, la concentration d'hormones

1. Society for Neuroscience in New Orleans.

augmente dans tout le cerveau, améliorant nos capacités de concentration, d'efficacité et de satisfaction, nous rendant plus aptes à nous connecter aux autres positivement et à développer des activités créatrices, donc nous apportant de la joie.

La paresse serait-elle génétique ?

L'exercice donne de la joie. Le manque d'exercice a tendance à l'éteindre ! Mais nous ne sommes pas tous égaux devant la perspective de bouger. Dans les cages du laboratoire du collège de médecine vétérinaire de l'université du Missouri, certains rats passaient beaucoup de temps à courir dans les roues, tandis que cela n'intéressait guère les autres. Les chercheurs les ont séparés en deux groupes et les ont fait se reproduire à l'intérieur de chaque groupe. Dix générations plus tard, ils ont obtenu une lignée de champions courant dix fois plus vite que les rats issus de la famille paresseuse. Grâce à cette recherche, trente-six gènes susceptibles de jouer un rôle dans la motivation pour l'activité physique ont été identifiés. De plus, dans le noyau *accumbens* des rats actifs les neurones étaient davantage myélinisés[1]. Le cerveau des souris de course avait un système dopaminergique et des régions liées à la motivation et à la récompense plus grands. Elles

1. Myélinisés : entourés d'une gaine de myéline, couche graisseuse isolant le neurone un peu comme le plastique autour d'un fil électrique et facilitant le passage de l'influx nerveux, qui saute entre ses nœuds.

avaient besoin d'activité comme d'autres de cocaïne, de sucre ou de nicotine.

Des études[1] ont montré sur des rats que lorsque leurs deux gènes codant la transformation des sucres en énergie par les muscles sont actifs, les rats se lancent avec dynamisme dans l'exercice physique. En revanche, lorsque ces gènes sont éteints, les rats ne sont plus motivés du tout à courir dans leur roue.

Comme chez les souris, certains parmi les humains sont génétiquement accros à la course. Quand elle lace ses baskets de course, une de mes voisines amie est déjà emplie d'excitation, de joie et d'adrénaline ! Elle possède sûrement le gène qui me fait défaut ! C'est un gène responsable des récepteurs de dopamine, sans lequel vous êtes susceptibles de préférer rester assis et d'en faire moins que ceux qui ont un gène fonctionnant correctement. Le défaut de motivation de certains d'entre nous pour le sport pourrait donc avoir des origines génétiques. « L'incapacité à ressentir du plaisir lors de l'activité physique, souvent citée comme une cause de non-adhésion partielle ou totale à un programme d'exercice physique, indique que la biologie du système nerveux est bel et bien en jeu », explique Francis Chaouloff[2], qui a

1. Université du Colorado in *Psychological Science. American Journal of Physiology*. Et : http://www.maxisciences.com/paresse/et-si-la-tendance-a-la-paresse-etait-ecrite-dans-les-genes_art29191.html
2. Francis Chaouloff, directeur de recherches Inserm au NeuroCentre Magendie à l'université Bordeaux-Ségalen, Sarah Dubreucq, étudiante en thèse, François Georges, chargé de recherches CNRS ont publié leurs résultats dans la revue *Biological Psychiatry*.

constaté avec son équipe que les souris à qui faisait défaut un récepteur des cannabinoïdes CB1 dans la région du cerveau associée à la motivation et au système de récompense couraient 20 à 30 % de moins dans leur roue.

Je comprends mieux pourquoi je regarde mon vélo d'appartement sans éprouver de désir passionné de monter dessus… Inutile de décoder mon génome pour deviner que je n'ai pas le gène et qu'il me manque quelques récepteurs CB1 !

Debout !

On pense mieux quand on est sur ses pieds que sur une chaise, conclut une étude menée au Texas[1]. Deux cent quatre-vingt-deux enfants entre sept et dix ans ont été suivis tout au long de l'année scolaire. Dans certaines classes, ils disposaient des chaises et bureaux habituels. Dans d'autres, ils avaient des bureaux surélevés sur lesquels ils pouvaient travailler en restant debout. Les élèves n'étaient évidemment pas contraints de se tenir debout toute la journée, ils avaient chacun un tabouret haut sur lequel ils pouvaient s'asseoir. Les enfants apprenant debout avaient plus de chances de lever leur main pour répondre, de prendre part aux discussions dans la classe, d'éviter de parler en dehors de leur tour et ils étaient capables de davantage de concentration que ceux

1. Dr Mark Benden, professeur associé au Texas A&M Health Science Center School of Public Health. Recherche publiée dans *International Journal of Health Promotion and Education* (Dornhecker et al., 2015).

qui apprenaient assis. Être debout plutôt qu'assis en situation d'apprentissage permet aux élèves sept minutes de plus d'attention chaque heure. Il semble de plus que les stations de travail debout réduisent les problèmes comportementaux et nourrissent l'engagement et la motivation à apprendre.

Rester debout toute la journée est fatiguant, mais rester assis aussi ! Se lever souvent, c'est la clé ! On a plus d'énergie et on mincit ! C'est la découverte de la docteure Joan Vernikos[1], médecin de la Nasa, responsable de la santé des astronautes dans l'espace. Elle a passé des années à étudier le rapport du corps avec la gravité. Elle a pu mesurer combien cette dernière jouait un rôle fondamental pour nos fonctions physiologiques et dans le processus de vieillissement. Assis, notre corps ne lutte plus contre la gravité et les muscles concernés fondent. Ce qu'elle a découvert est révolutionnaire. Non seulement rester debout simplement est plus efficace que marcher pour contrebalancer des mauvais effets de l'assise, mais c'est le changement de posture qui a le plus grand impact sur votre santé, davantage que le fait de se tenir debout. Il est intéressant aussi de noter que la lipoprotéine lipase est réduite pendant l'inactivité et augmente avec l'activité. La meilleure activité étant : Se lever depuis la position assise ! La lipoprotéine lipase est une enzyme qui s'accroche au gras dans le flux sanguin et le transporte dans les muscles pour qu'il soit utilisé comme fuel. Donc, simplement en se levant, on aide son corps à brûler ses graisses. Tous les mouvements

1. Vernikos, Joan, *Sitting Kills, Moving Heals*, Linden Publishing, 2011.

qui luttent contre la gravité brûlent les graisses. Chance, ce sont aussi les activités qui nous offrent des sensations d'accélération et de plaisir : Sauter en l'air, sauter à la corde, faire du vélo, descendre à ski, en snow board…

Pour aller plus loin, Joan Vernikos a mené une recherche en double aveugle sur des volontaires ayant passé quatre jours au lit. Certains devaient marcher sur un tapis de course, d'autres se tenir debout, se lever et se rasseoir… Résultat, se lever une fois par heure s'est montré plus efficace pour le système cardiovasculaire comme pour le métabolisme général, que de marcher pendant quinze minutes. D'autre part, s'asseoir et se relever répétitivement pendant trente-deux minutes n'a pas le même effet que de se mettre debout trente-deux fois pendant la journée. S'asseoir et se relever régulièrement en répartissant ces efforts sur la journée est le plus efficace. On peut corser la chose en s'accroupissant, puis en sautant en l'air en levant les bras vers le ciel. Ça, c'est le top !

Toujours à la Nasa, une étude a montré que dix minutes de saut sur un trampoline est un meilleur exercice cardiovasculaire que trente minutes de course à pied. Les trampolines permettent un bon travail des muscles et des os et réduisent le risque d'abîmer vos articulations des genoux ou des chevilles.

Un périnée en bon état, des abdos présents et musclés en profondeur (pas les tablettes de chocolat), la souplesse des articulations, tout ce qui nous permet le mouvement nous apporte de la joie. Plus nous sommes à l'aise dans notre corps, plus notre corps nous permet de nous sentir libres, plus nous pouvons éprouver de joie. Si nous sommes tentés par le moindre canapé qui se présente, ce n'est pas parce que nous sommes fatigués, c'est parce que notre corps a perdu de sa vitalité. Or la joie, c'est la vitalité en soi.

À chaque instant, je peux prendre soin de mon corps. La joie demande un peu de travail ! Un long trajet de métro ou de train ? Tonus ! Un temps d'attente interminable ? Je redresse ma posture ! Plutôt que de tromper l'ennui en fonçant sur un jeu ou les réseaux sociaux sur notre Smartphone, nous pouvons trouver de la joie aux temps intermédiaires en profitant de chaque temps d'attente, dans une gare, un arrêt de bus, un bureau de poste, à la caisse du supermarché. Pourquoi perdre du temps à attendre ? Alors que l'on peut l'utiliser pour toutes sortes de choses, discipliner son cerveau grâce à la méditation en pleine conscience, muscler son périnée, ses abdos ou les muscles fins des pieds…

La joie au soleil comme dans l'orage

Quand la vie est difficile, quand les épreuves comme autant de nuages s'accumulent dans notre ciel, pourquoi l'heure ne serait-elle pas à la joie ? Comme nous l'avons vu, cette dernière réside dans l'exercice de nos compétences plus que dans le confort. Si on l'éprouve au soleil, elle peut surgir au sein d'un orage. Pour autant que nous portions notre attention sur ce qui nous fait grandir et que nous soyons absorbés dans la tâche.

Le détachement bouddhiste est un état d'observation attentive, sans jugement, dans lequel on regarde l'émotion sans s'identifier à elle. Parfois confondu avec l'indifférence, il en est pourtant très éloigné. L'indifférence est le résultat d'un processus de déni ; c'est un refus, une fuite de l'émotion. Le refuge dans l'indifférence souligne la vulnérabilité aux affects, le pouvoir des émotions sur la personne. L'indifférence est tout en bas de l'échelle de l'alphabétisation émotionnelle de Claude Steiner[1]. *A contrario*, le détachement est un état de liberté vis-à-vis de l'émotion, il l'accepte totalement, sans s'y attacher. L'indifférence est un état de séparation. Le détachement est un état d'unité. Ce dernier découle d'une grande présence à soi et aux autres. Il inclut l'empathie. Un mot plus juste serait équanimité, la définition du Petit Robert dit « égalité d'âme », une explication qui ne me paraît pas rendre cet état de stabilité intérieure qui accueille de la même façon le positif et le négatif, gain et perte, critiques ou louanges, tomates ou applaudissements. Point culminant de l'échelle de conscience émotionnelle, l'équanimité est la sérénité devant la vie et ses aléas, et permet la joie quelles que soient les circonstances.

J'ouvre le réfrigérateur, une bouteille de bière probablement mal rangée tombe du frigo et se brise. Bière et morceaux de verre jonchent le sol. Une première tentative avec le nouvel aspirateur à eau se révèle catastrophique pour l'aspirateur en question. Je tente d'éponger. Je récupère un à un les bouts de verre. Malgré ma délicatesse, super coupant, un morceau de verre s'enfonce dans la pulpe de mes doigts. Le sang gicle, j'appelle à l'aide. Branle-bas de combat dans la maison.

---

1. Voir plus de détails dans mon livre *Que se passe-t-il en moi*, éd. Lattès, 2001.

Désinfectant O.K. ! Mais où sont donc les pansements ? Ces derniers enfin dénichés, après avoir désinfecté la plaie, les enfants entourent mon doigt d'un gros pansement.

En apparence, voilà un événement purement négatif, j'y ai perdu une bière, du temps, un aspirateur et l'utilisation d'un doigt pendant quelques jours. Y aurait-il des avantages à cette aventure ? En voici quelques-uns :

- J'ai appris des choses sur le fonctionnement de mon aspirateur super nouvelle technologie à eau. Il pouvait aspirer les liquides, mais n'aimait pas les bouts de verre, surtout si je ne mettais pas le dispositif approprié.
- J'ai appris qu'on pouvait éponger l'eau avec du papier journal plutôt qu'avec une éponge pour ne pas se blesser avec le verre.
- J'ai découvert que les pansements n'étaient pas à leur juste place, et que personne dans la famille ne savait où les chercher, ce qui nous a permis de les ranger à un endroit où chacun pouvait les trouver aisément.
- Les enfants ont appris à nettoyer une plaie et à poser un pansement. Ils l'avaient déjà vu, mais là, ils sont passés à l'action. Ils maîtrisent désormais la compétence.
- La main enrubannée, nombre de tâches m'étaient interdites. Mon mari et mes enfants s'en sont chargés. J'ai pu prendre un peu de repos, et eux ont pu découvrir qu'au final ils savaient faire la vaisselle ou laver un pull à la main.
- Cette « infirmité » modifiant l'organisation familiale, nous avons davantage pris conscience de notre interdépendance, et de la dimension « famille ».

• Ma famille m'a entourée, cajolée, tout le monde s'est occupé de moi, pour me servir un verre, couper ma viande ou me faire des câlins.

• Nous nous sommes souvenus d'un accident de mon fils quand il avait cinq ans. Il s'était coupé le doigt avec un cutter malencontreusement resté ouvert. Nous étions partis aux urgences. Reparler ensemble de cet événement a pu nettoyer quelques sentiments restés non dits et a solidifié notre amour mutuel.

Bref, cette aventure était un événement intéressant et productif, ni positif ni négatif… Nous gagnons à accueillir la vie comme elle est, à la vivre sans poser de jugement hâtif. Ce qui se passe n'est ni bon ni mauvais, c'est ! Et souvenons-nous qu'il y a davantage de joie à trouver dans l'épreuve, donc ce qui apparaît malheur, que dans la tranquillité. De plus, les scientifiques le soulignent, les optimistes sont plus heureux que les pessimistes[1]. Notons aussi qu'une étude[2] menée pendant deux ans sur cent quinze participants a montré que seuls les événements datant de moins de trois mois avaient une influence sur notre moral. Les événements bons et moins bons de la vie tendent à covarier entre les individus et à travers le temps. La covariance signifie qu'ils se comportent de manière similaire. Si l'un augmente, l'autre aussi. Cette trouvaille contre-intuitive soulignant que le bon et le

1. Dember&Books et Seligman, cités dans l'article *Who is happy ?* par David G. Myers et Ed Diener. *Ibid.*
2. Suh El, Diener E. Fujita F., *Events and Subjective Well-Being: Only Recent Events Matter, Journal of Personality and Social Psychology*, 1996 May; 70(5) : 1091-102.

mauvais covarient suggère une porte vers de nouvelles découvertes. Les crises nous enseignent. Les gens qui vivent des choses, même douloureuses, sont globalement plus heureux. Les difficultés nous confrontent et nous poussent à nous dépasser. Les épreuves qui ne nous tuent pas nous rendent plus fort dit-on. Et c'est vrai ! Quand nous prenons un cours de gym, c'est dur, mais les muscles sollicités forcissent. C'est un peu pareil pour toutes nos compétences.

Les questions que l'on peut se poser :

- Qu'est-ce que j'ai appris ?
- Qu'est-ce que cela me permet de prévoir pour le futur ?
- En observant les conséquences, l'une d'entre elles pourrait-elle se montrer utile, constructive ou agréable ?
- Qu'est-ce que cela a modifié dans mes relations ?
- Qu'est-ce que cela a modifié dans mes objectifs, tâches, comportements ?

Exercice

Je m'arrête un instant, j'écoute la Vie en moi. J'écoute les sons autour de moi, je prête attention à la température, je vois, je goûte… tout est vibration. Je perçois cette vibration du monde, et je m'accorde. Pour cela, je fais confiance à mes cellules.

Je laisse venir des images de mon passé, je vois comment chaque événement a façonné celui que je suis. Je suis un individu constitué de molécules, semblable à tous les autres et à aucun autre.

5.

Messagers et messagères de la joie

Sans ces messagers et messagères que sont les neuromédiateurs et les hormones, pas de joie ! Ce que nous éprouvons dépend de messages transmis à travers notre corps et dans les diverses structures de notre cerveau. Sécrétées par les glandes endocrines, les hormones sont transportées par le sang vers des cellules cibles. Les neuromédiateurs ou neurotransmetteurs sont produits par les neurones (ou les cellules gliales) et assurent la transmission chimique des informations à travers la synapse, entre deux neurones. Certaines hormones deviennent des neurotransmetteurs une fois dans le système nerveux central.

Diverses hormones sont impliquées dans l'émotion de joie. La dopamine, bien sûr, mais aussi la sérotonine, l'ocytocine, les hormones sexuelles telles que la testostérone, les œstrogènes, la progestérone, la prolactine et la mélatonine. Aucune n'a un rôle unique. Elles ont toutes plusieurs fonctions. De plus, elles travaillent en synergie et les séparer est assez artificiel, mais regardons tout de même leurs spécificités et comment soutenir leur production pour avoir un cerveau en bon état de marche.

La dopamine

La dopamine est considérée comme la principale hormone de la joie[1]. Neuromédiateur du circuit de la récompense, elle est présente en toutes petites quantités dans le cerveau (0,3 % des neurotransmetteurs), mais combien efficace! Produite à partir de la tyrosine, elle ne se contente pas de nous gratifier d'une sensation de plaisir intense en s'activant dans notre *nucleus accumbens* (le noyau du plaisir), elle permet la mémorisation des réseaux de neurones impliqués dans l'action qui nous a amené à ce plaisir, et anticipant des perspectives intéressantes, nous motive à agir.

Plus la «récompense» associée à une activité est importante, plus l'organisme s'en souvient et plus il cherchera à renouveler cette activité. Des études menées sur des joueurs de roulette ont enregistré autant d'activité dans leur noyau *accumbens* quand ils rataient de peu le bon numéro que lorsqu'ils gagnaient. La dopamine nous récompense quand nous réussissons et nous encourage à persévérer quand nous échouons de peu. Voilà un outil tout à fait approprié pour nous aider à aller jusqu'au succès quand ce dernier dépend de nous, mais hélas elle nous expose à une tentation de prendre des risques dans les jeux de hasard tout à fait inappropriée!

La dopamine est nécessaire à la mémoire procédurale, celle qui nous permet d'apprendre à sauter, faire du vélo, du piano ou du foot. Le plaisir que nous éprouvons au mouvement,

1. http://www.theguardian.com/science/2013/feb/03/dopamine-the-unsexy-truth

l'excitation à l'idée de recommencer et de réussir nous encouragent. C'est ainsi que la joie nous aide à apprendre et nous motive à dépasser nos limites. La dopamine génère l'excitation devant la nouveauté. Elle stimule la créativité et l'imagination. Elle nous rend actif, nous encourage à aller de l'avant, mais pas n'importe comment, elle nous aide en effet à planifier et à résister aux impulsions. Impliquée dans la motivation, l'anticipation, l'inventivité, le sommeil, l'humeur et la mémoire, elle participe aussi à la régulation du mouvement et au contrôle de l'attention.

Lors de la puberté, le nombre de récepteurs à dopamine augmente énormément tant chez les garçons que chez les filles, bien que plus rapidement chez les premiers. Les ados ont en conséquence bien du mal à se retenir de foncer à moto ou de faire du hors-piste, d'autant qu'une grande part de leur cerveau est en pleine réfection et que retenir une action ou estimer un risque est devenu difficile… Enfermés à la maison, ils trouvent leur dose dans les jeux vidéo. La dopamine sécrétée lors d'un jeu vidéo est nettement supérieure à celle sécrétée lorsqu'on écoute un professeur faire cours. La clé pour que nos ados ne passent pas tout leur temps le nez rivé à l'écran ? Qu'ils trouvent dans le réel suffisamment de stimulations, d'occasions d'exploration, de prise de risque, de mouvement. Leurs récepteurs appellent la dopamine ! Ils en ont besoin. On sécrète de la dopamine quand on se sent actif et puissant ! On est alors tellement vivant ! Les ados reprochent souvent aux adultes de ne pas être vivants. Eux vivent à cent à l'heure. Sauf bien sûr quand ils s'écroulent sur le canapé pour se reposer de toute cette croissance si rapide.

Notre cerveau montre aussi des pics de dopamine lorsque nous vivons un fort stress. Des chercheurs l'ont mesuré dans le cerveau de soldats atteints de syndrome post-traumatique lorsqu'ils entendaient un coup de feu ! Il est évident que cela ne leur rappelle pas des expériences joyeuses, mais incite à se protéger. Précurseur de l'adrénaline et de la noradrénaline, la dopamine module l'action. Elle nous motive et nous fournit l'énergie pour agir ou au contraire nous tempère et nous retient. Il semble que ce soit une hormone-guide fiable ! Dopamine, hormone de la joie et guide de vie. Cela renforce cette idée qu'une des fonctions de l'émotion de joie est de dessiner notre route.

Nous n'avons pas tous autant de récepteurs à dopamine, donc autant de ce neuromédiateur dans le cerveau. La sensibilité du circuit cérébral de la récompense de chacun est variable. Conséquence ? Ce qui est stimulant pour une personne peut être ennuyeux, voire insupportable pour une autre. Le chercheur américain Jaak Panksepp a observé que certains rats appréciaient davantage les chatouilles que d'autres. Cette variabilité entre individus dépendait de leurs taux respectifs de dopamine. En effet, nous sommes inégaux devant la dopamine. Le neuroscientifique comportementaliste John Salamone a offert à des rats soit une petite pile de nourriture directement accessible soit une plus grosse pile, mais derrière une petite barrière. Les rats présentant les taux de dopamine les plus bas choisissaient presque toujours la pile facile, tandis que les autres sautaient la barrière pour atteindre la plus grosse pile.

Une équipe de l'université de Vanderbilt[1] a observé grâce à un PET scan (Positron Emission Tomography) que ceux qui sont prêts à travailler dur pour une récompense ont des taux de dopamine plus élevés dans le striatum et le cortex préfrontal, les zones de la motivation et de la récompense. Chez les rats les plus timorés ou paresseux, la dopamine était présente dans l'*insula* antérieure, une aire du cerveau impliquée dans les émotions et la perception des risques.

Chez les humains, point n'est besoin d'étude complexe pour constater que certains éprouvent excitation et plaisir sur les montagnes russes, tandis que d'autres n'y trouvent que frayeur et nausée.

Comment augmenter notre taux de dopamine ? Je vous présente les quatre M : Musique, Mouvement, Maîtrise, Manger.

Certaines voix vous transpercent le cœur. Rythmique, accords… synchronisation de rythmes. Les notes s'égrennent… Déferlement de plaisir dans notre cerveau et dans tout le corps. Les musiques qui nous émeuvent stimulent la production de dopamine[2]. Lorsque nous écoutons un air connu, se surajoute l'anticipation de certains passages que nous aimons particulièrement. Une étude a montré que la musique classique stimulait l'activité de gènes impliqués dans

1. Michael Treadway, David Zald et leur équipe, *Journal of Neuroscience*, May 2.
2. Étude de chercheurs de l'université McGill publiée en 2011 dans *Nature Neuroscience*.

la neurotransmission synaptique et dans la sécrétion de la dopamine, mais seulement chez les mélomanes expérimentés, a tempéré la docteure Irma Järvelä dirigeant l'étude[1]. La musique dope aussi la sérotonine et réduit le cortisol, le parfait antistress !

Tout ce qui fait se mouvoir et particulièrement courir, lancer, sauter, glisser, faire des acrobaties, danser et bien sûr faire l'amour augmente la dopamine.

L'activité du cerveau préfrontal stimule la dopamine. Chaque fois que nous exerçons notre libre arbitre, notre créativité personnelle, que nous cherchons à atteindre des objectifs, que nous nous projetons vers un but, et que nous faisons preuve de maîtrise de nous-mêmes pour l'atteindre ou respecter nos valeurs, nous éprouvons de la joie.

La dopamine est synthétisée à partir de la tyrosine. Nous trouvons cet acide aminé dans les amandes, les algues, les avocats, les bananes, le cacao (chocolat noir), le germe de blé, les graines de courge, le poisson, les produits laitiers[2], le sésame, la viande, la volaille et surtout dans le canard. Sans tyrosine, pas de joie !

1. Journal PeerJ (Kanduri et al., 2015), cité par http://www.spring.org. uk/2015/03/classical-musics-surprising-effect-on-genes-vital-to-memory-and-learning.php
2. Les vrais ! Entiers pour les bonnes graisses pour notre cerveau et fermentés pour éliminer le lactose.

Les endorphines

Les endorphines sont synthétisées par l'hypothalamus et l'hypophyse lors d'un effort physique, d'une excitation, d'une douleur ou d'un orgasme. On les retrouve aussi bien dans le cerveau que dans la moelle épinière et dans le système digestif. Elles sont antalgiques, relaxantes, antistress, anxiolytiques et antidépressives et leur effet dure jusqu'à quatre heures. Dans une course marathon ou lorsqu'un obstacle est sur notre chemin, elles nous aident à aller au-delà de la douleur et à atteindre nos buts.

Pour les libérer, il suffit de courir, manger du chocolat, boire du vin, faire l'amour ou… souffrir, en s'allongeant sur un tapis de fakir[1] par exemple. Si, si, ça ôte les douleurs. Le tout, avec modération !

L'ocytocine

C'est l'hormone du lien. Elle accompagne l'accouchement, la lactation et les comportements de maternage. Elle est l'hormone de la tendresse, mais pas seulement. Comme pour la dopamine, son rôle est plus complexe qu'il n'apparaît. Elle est impliquée dans tout ce qui est relation à autrui. Libérée dans le cerveau par les hommes et les femmes lors de l'orgasme,

---

1. Je ne parle pas ici d'un tapis à clous… mais des tapis d'accupression, nommés tapis de fleurs que l'on trouve dans les boutiques de mieux-vivre ou sur Internet. La libération d'endorphines les rend très efficaces contre les douleurs névralgiques telles que les sciatiques par exemple, mais aussi dans toutes sortes d'affections.

mais aussi pendant un baiser et même quand on se regarde tendrement dans les yeux ou que nous échangeons des mots doux, elle est au service de l'attachement des partenaires l'un(e) à l'autre. L'ocytocine réduit l'anxiété et la peur, et nous rapproche les uns des autres en induisant un sentiment de sécurité et de confiance. Il semble qu'elle aide aussi à mémoriser la joie, les visages joyeux, les événements heureux. Dans un groupe, elle est l'hormone du sentiment d'appartenance. Elle n'est pas pour rien dans le succès d'une équipe lors d'une compétition sportive ! En 2010, des chercheurs ont étudié le comportement de joueurs de basket. Ils en ont conclu que plus les joueurs avaient de contacts physiques entre eux, mieux ils jouaient. De fortes doses d'ocytocine améliorent les performances. L'activité physique augmente la production d'ocytocine. Toute situation sociale de coopération, confiance ou compétition requiert des compétences et des informations sociales[1], écrit Gretchen Reynolds dans le *New York Times*. Un joueur a besoin de pouvoir identifier et comprendre le langage du corps de ses opposants comme celui des membres de son équipe. L'ocytocine n'est pas pur amour… Elle aide à lire les émotions d'autrui, mais aussi augmente la suspicion et l'antagonisme pour les personnes extérieures. On la sécrète quand on jouit de la défaite d'autrui.

Même s'il nous arrive de nous énerver et de crier contre nos enfants qui ne travaillent pas assez, dès que nous récupérons

1. Reynolds, Gretchen, « The "Love Hormone" as Sports Enhancer », *The New York Times*, Phys Ed, november 21, 2012.

l'utilisation de notre cerveau, nous savons qu'ils ont du mal à apprendre et à se concentrer quand ils se sentent sous une menace parentale ou professorale, quand la présence de l'adulte auprès d'eux est froide, distante, jugeante et exigeante au lieu d'être chaleureuse et encourageante. Quand on manque d'ocytocine, on est moins performant ! Des vaches l'ont prouvé aux expérimentateurs qui étudiaient leur production laitière en fonction leur anxiété. Selon que les humains qui s'occupaient d'elles leur étaient plus ou moins familiers ou déclenchaient des comportements d'évitement ou d'aversion, elles sécrétaient plus ou moins d'ocytocine. Dans ce dernier cas, la quantité et la qualité du lait (taux de protéines et de graisses) en étaient diminuées de 15 à près de 20 %[1]. La quantité de lait restant dans leurs pis pouvant aller jusqu'à 70 % pour les plus inquiètes[2]. Quand on a peur, on se retient. Pourquoi ? La réponse appartient à l'ocytocine. Toute situation stressante inhibe la sécrétion d'ocytocine. Inversement, stimulée par un toucher tendre ou un regard, la sécrétion d'ocytocine diminue le stress. L'ocytocine est directement concernée dans la lactation, mais toute production sera facilitée par l'ocytocine et freinée par le stress, que ce soit sur le plan scolaire ou professionnel.

Pour nous gorger d'ocytocine ? Vingt secondes de câlin et le cerveau des deux protagonistes est inondé de cette belle hormone. Contact, amour, tendresse, mots doux et regard

---

1. Breuer *et al.*, 2000 ; Hemsworth *et al.*, 2000.
2. Rushen *et al.* (1999a).

attentif, mais aussi partages et partenariats, activité physique, sports d'équipe…

La testostérone

Hormone mâle par excellence, elle est connue pour être l'hormone du sexe et de la combativité. Les hommes adultes en ont dix fois plus que les femmes. Elle est impliquée dans la spermatogénèse, le désir sexuel, mais aussi dans la stabilité des os, l'accroissement de la masse musculaire, la pilosité et la production de globules rouges. Chez l'homme comme chez la femme, elle prépare à l'action. Elle apporte audace, courage, désir, compétitivité, anticipe les efforts à fournir, mobilise l'énergie pour une prise de risque. Elle est aussi associée à la recherche ou au maintien d'une position sociale dominante. On l'a crue associée à la violence, si elle favorise les comportements agressifs envers les rivaux, en réalité, des études récentes montrent que si elle diminue effectivement l'empathie, elle favoriserait plutôt les comportements de coopération, l'honnêteté et le partage[1].

Le taux de testostérone augmente juste avant une compétition, un combat, une mise en jeu de nos compétences. Et quand nous gagnons, le taux reste augmenté une ou deux heures après notre réussite. À moins que notre succès ne soit dû au hasard, auquel cas la testostérone reste indifférente. Il semble que les jeux de hasard stimulent le noyau *accumbens*,

1. Eisenegger, Christoph, « Testostérone, l'hormone des justiciers », *Cerveau&Psycho* n° 72, janvier 2016.

mais pas la testostérone. En revanche, les vainqueurs par procuration, les supporters, voient aussi leur taux de testostérone augmenter ! C'est ce qu'a confirmé l'analyse de la salive des supporters brésiliens et italiens avant et après la finale du Mondial de football 1994. Si la testostérone des Brésiliens a été dopée par la victoire de leur équipe, les supporters italiens ont vu en revanche leur testostérone chuter avec la déception

Les œstrogènes

Avec les œstrogènes, menons une vie orgasmique ! Elles soutiennent la production de sérotonine et préservent stabilité de l'humeur. Elles stimulent le désir sexuel et le désir tout court. Avec les œstrogènes, la vie est excitante et joyeuse.

Tous les vingt-huit jours, énervement, tension, l'humeur des femmes varie… La chute d'œstrogènes précédant les règles déclenche une humeur, plus ou moins fortement massacrante selon les âges et bien sûr selon la quantité d'autres hormones dans l'organisme.

Une adolescente vit des pics d'œstrogènes que son cerveau ne sait pas encore réguler. Enthousiasme et furieux claquements de porte alternent rapidement. Au lieu de sévir ou de tenter vainement de poser ces sacro-saintes limites, observons les hormones à l'œuvre et son cerveau en construction et fournissons-lui l'aide dont elle a besoin pour réguler les sautes d'humeur qui la stupéfient et devant lesquelles elle se voit si démunie. Sinon, elle trouvera une bonne raison à cette mauvaise humeur : vous !

L'adrénaline

Hormone du stress et de l'action. L'adrénaline accélère notre rythme cardiaque pour fournir l'énergie à notre corps dont il a besoin pour agir. Elle nous sauve la vie quand il y a un danger. Elle donne du piment à l'existence. Certains accros à l'adrénaline sautent à l'élastique ou en parachute et adorent les manèges rapides. Nombre de coureurs, de joueurs, de soldats recherchent cette petite giclée d'adrénaline qui donne une intense sensation de vivre. Certains jeunes délinquants ne trouvent cette adrénaline qui leur permet de se sentir vivre que dans la violence.

La mélatonine

C'est l'hormone de la régulation des rythmes veille sommeil et un bon sommeil est garant d'une vie éveillée et joyeuse. Lorsque la durée d'ensoleillement est restreinte, comme c'est le cas pendant l'hiver, on sécrète beaucoup moins de mélatonine. Bien des gens peinent alors à se lever le matin et se sentent déprimés. On peut alors s'exposer une trentaine de minutes chaque matin au rayon d'une lampe imitant la lumière du jour[1].

Nous le savons tous, quand on ne dort pas bien, on se concentre moins bien, on est moins efficace et les occasions d'éprouver de la joie se raréfient. Les somnifères sont parmi

1. S'achète sur Internet, en jardinerie, magasin bio ou même en supermarché.

les médicaments les plus vendus. Nombre d'entre nous rencontrons des difficultés de sommeil. S'il n'y a pas vraiment de consensus sur la question, les scientifiques s'accordent pour définir une moyenne de huit heures[1] par nuit pour nettoyer son cerveau. Oui, nettoyer son cerveau. Ce serait une fonction du sommeil. Quand nous sommes éveillés, notre cerveau traite les informations, analyse les données. La nuit, il consomme tout autant d'énergie. Il travaille à relier entre elles les informations engrangées, il réorganise ses circuits, établissant de nouvelles connexions (produisant le rêve), et passe les informations en mémoire à long terme. Récemment, grâce aux progrès de l'imagerie, les chercheurs ont été les témoins éblouis d'une nouvelle activité insoupçonnée[2]. Dans tout le reste de notre corps, c'est le système lymphatique qui évacue les déchets produits par l'activité cellulaire. Mais la lymphe ne pénètre pas dans le cerveau. Les scientifiques ne comprenaient pas comment notre cerveau se débarrassait de ses déchets. Sur leurs écrans, les chercheurs ont découvert un processus époustouflant. Alors que nous sommes endormis, les cellules gliales se compressent, réduisent leur taille jusqu'à 60 %, laissant un espace le long des vaisseaux sanguins dans lequel se répand le liquide céphalo-rachidien. Ce dernier se charge des déchets et les emporte vers la circulation sanguine

1. C'est une moyenne. Il y a de petits dormeurs qui semblent se contenter de beaucoup moins, et de gros dormeurs qui ont besoin de davantage.
2. Article publié au sein du journal *Science* par Maiken Nedergaard, M.D., D.M.Sc., codirecteur de l'University of Rochester Medical Center (URMC) Center for Translational Neuromedicine et son équipe.

générale. Ce système a été nommé glymphatique en raison de l'implication des cellules gliales dans ce nettoyage « lymphatique ». Ce système fonctionne à bas bruit le jour, mais est dix fois plus actif la nuit.

C'est pas beau la vie ?

La sérotonine

Notre taux de sérotonine fait notre humeur, laquelle à son tour influence le taux de sérotonine. Plus on a de sérotonine, plus on est serein, sociable, optimiste et gai. Quand on en manque, on devient ténébreux, renfermé, dépressif, pessimiste, et on s'énerve pour un rien. Le taux de sérotonine baisse dans le cerveau lorsque nous sommes en deuil, ou simplement séparés d'une personne aimée. Cette baisse accompagne l'émotion de tristesse.

Nous ne sommes pas tous égaux. On le savait ! Certains naissent dans un pays en guerre, d'autres en France, d'autres encore en Suède… Et nos parents sont plus ou moins affectueux et tendres. C'est sûr, l'environnement social et familial participe à la quantité de joie que nous allons vivre dès notre petite enfance. Mais nos parents nous influencent aussi par les gènes[1] qu'ils nous transmettent. Un gène situé sur notre

1. Un gène est une unité d'information génétique portée par un chromosome.

chromosome 17, régulant le transport de la sérotonine[1], serait à l'origine de notre plus ou moins grande capacité à la joie selon la longueur respective des deux allèles[2], l'un hérité de notre mère, l'autre de notre père. Trois cas de figure, donc, deux allèles courts, deux allèles longs ou un allèle court et un allèle long. Dans la population mondiale 30 % des gens posséderaient deux gènes longs, 50 % un court et un long et 20 % deux gènes courts. Hélas, l'allèle court est dominant, ce qui signifie que seuls les 30 % de chanceux qui disposent de deux allèles longs ont cet accès facilité à la bonne humeur. Attention, avoir un gène 5HTTLPR court ne vous condamne pas à la dépression !

Le génotype (ce qui est inscrit dans les gènes) n'est pas le phénotype (ce qui s'exprime). Le phénotype est la résultante de plusieurs gènes et de leur rencontre avec l'environnement. Nous humains disposons d'une assez grande liberté par rapport à nos gènes. Nous ne pouvons pas modifier la couleur de nos yeux – à moins de mettre des lentilles colorées –, mais nous pouvons, heureusement, éviter de développer un cancer du sein même si nous sommes porteuse du gène et ne pas développer de diabète même en héritant de deux allèles prédisposant au diabète. Donc, pas de panique. Si nous

1. 5HTTLPR. 5HT est le nom de la sérotonine, Le T ajouté dans 5HTT est là pour Transport. 5HTT est le nom de la protéine qui transporte la sérotonine. 5HTTLPR signifie Région Polymorphique Liée au Transporteur de Sérotonine. Ou promoteur (l'ordre des lettres est anglais).
2. Le terme « allèle », du grec *allelos*, l'un, l'autre, désigne chacune des différentes formes d'un gène.

pensons avoir un allèle court, et donc peu de transporteurs de sérotonine, eh bien, ne nous laissons pas faire par nos gènes ! Leur expression est influencée par l'environnement, il ne tient qu'à nous de nous organiser une vie dopante ! C'est l'épigénétique. La génétique, c'est en quelque sorte le texte. L'épigénétique, c'est la façon de le lire et de l'interpréter. Toutes les cellules de notre corps ont évidemment le même ADN au sein de leur noyau. Pourtant, elles sont bien différenciées les unes des autres. Comment font-elles pour savoir quels gènes exprimer ? C'est une question épigénétique. L'ADN est entouré de molécules sensibles à l'environnement qui s'adaptent et permettent ou non l'expression de tel ou tel gène. Notre ADN n'est donc pas seul à décider. L'environnement, notre vécu, nos émotions influencent l'expression de nos gènes. L'environnement a du pouvoir sur nous en positif, il en a aussi en négatif. Des chercheurs ont maltraité des souriceaux trente minutes par jour. Adultes, ces souris ont sombré dans la dépression. Les scientifiques ont pu mettre en évidence une modification de la régulation des gènes. Un trauma vécu dans l'enfance produit une sensibilité au stress à l'âge adulte[1].

Prozac et aspartame

Le Prozac procure aux dépressifs des sensations oubliées de joie, de tranquillité. Il fait partie des inhibiteurs sélectifs de la recapture de la sérotonine. La fluoxétine de son petit

1. Par son effet sur la méthylation de l'ADN des récepteurs aux glucocorticoïdes. Méthylation : attache d'un groupe méthyle (CH3 – G).

nom scientifique augmente le taux de sérotonine en inhibant sa recapture au niveau de la synapse. Le consommateur retrouve son humeur positive… mais pas pour longtemps. Ce médicament est une aide dont certains ne peuvent se passer, mais il ne doit pas être pris plus de quelques semaines. Or, le confort qu'il apporte est tel que nombre de gens continuent d'en prendre parfois des années. C'est si simple. L'angoisse refait surface rien qu'à l'idée de ne pas avoir le petit cachet. Mais les effets pervers s'accumulent. Le corps réagit… et les tendances paranoïaques risquent, elles, de s'installer. Des scientifiques de plus en plus nombreux dénoncent des effets secondaires non négligeables, surtout quand il est pris sur une longue durée. Le Dr Robert Bourguignon[1] notamment a enquêté. Il décrit crises de violence, automutilations, suicides dans certains cas extrêmes, mais de manière plus courante : paranoïa, sentiments de persécution, attaques de panique et comportements agressifs… Hélas, certains médecins n'hésitent pas à en prescrire pour des cures d'amaigrissement, le sevrage tabagique ou même pour des problèmes de pipi au lit chez des enfants ! « Une utilisation purement mécanique, précise un spécialiste français préférant l'anonymat : la fluoxétine a notamment pour effet de contracter les sphincters. »

Une autre substance semble déclencher de l'irritabilité, de la dépression et des tendances paranoïdes, elle aussi consommée par les personnes cherchant à maigrir, l'aspartame. L'aspartame est un faux ami ! On le croit ami parce qu'il est

1. Médecin belge. Responsable de Securimed, agence d'informations médicales, publié dans la revue scientifique *The Lancet*.

« sans sucre », mais au-delà du fait qu'il n'aide guère à mincir sur le long terme, il semble qu'il s'accumule dans le cerveau et altère nos capacités cérébrales. L'aspartame contient aspartate et méthanol, ce dernier se transformant au contact de la chaleur en formaldéhyde et acide formique. Depuis un certain temps déjà, on suspecte l'implication de l'aspartame dans la maladie d'Alzheimer, il se confirme qu'il agit comme un neurotoxique, notamment sur les personnes fragiles. Une expérience aspartame contre placebo a même dû être stoppée avant terme au vu de l'intensité des symptômes déployés par les premiers participants ayant déjà traversé une dépression[1]. Une autre étude citée par le Dr Amen a montré que l'aspartame altère les neurotransmetteurs cérébraux, notamment réduisant la sérotonine dans diverses aires. D'autres[2] soulignent l'importance des maux de tête, altération de l'humeur, crises de panique, dépression et anxiété[3]… Moralité, si vous avez consommé plusieurs années Prozac et aspartame, votre cerveau a été hacké. Ne cherchez plus, c'est de là que viennent ces pertes de contrôle de vos émotions et pensées. Ou plus exactement de ces pertes de contrôle que vous signale votre entourage. Parce que, de votre côté, il est fort probable que vous ayez le sentiment d'être tout à fait normal(e) et justement inquiet(e). À vos yeux vos pensées « on m'en veut », « untel ou untel veut me détruire » ne sont pas des pensées paranoïdes, mais des faits !

1. http://www.ncbi.nlm.nih.gov/pubmed/8373935
2. http://www.medicinenet.com/artificial_sweeteners/page8.htm
3. http://www.ncbi.nlm.nih.gov/pubmed/24700203

Comment soutenir la sérotonine ? Contacts sociaux, présence de la figure d'attachement, exercice physique, pensées positives et alimentation, puisque 95 % de la sérotonine est secrétée dans les intestins.

Intestins

Notre bonheur est dans le ventre ! Plutôt que de consommer des anxiolytiques et autres inhibiteurs de recapture de sérotonine, si nous nous intéressions à la production de sérotonine dans nos intestins ? Le Dr Natasha Campbell-McBride[1], neurologue et gastroentérologue, l'affirme, certains enfants n'ont jamais connu la joie de vivre. On ne peut tout simplement pas l'éprouver quand on n'a pas les neuromédiateurs pour ! Un enfant qui a peu d'amis, qui cherche désespérément à s'en faire, peut être atteint du syndrome GAPS (*Gut and Psychology Syndrom*) ou syndrome entéropsychologique dû à une flore intestinale perturbée.

Par ailleurs, elle souligne que lorsqu'on n'éprouve pas assez de joie dans son quotidien, on peut être tenté par de petites doses extérieures. Nombre d'adolescents vont chercher dans la drogue un peu de goût de vivre. Le cannabis ou l'alcool fournissent le « High » dont ils ont besoin. Cette dimension

1. Son site officiel en français : https://www.nutrition-holistique.ch/natacha. html#. VkiLyYSJWEO Et voir absolument sa vidéo : https://www.youtube.com/ watch?v=77pwUmvSSbA sous-titrée en français pour comprendre comment la joie de vivre peut venir en mangeant.

physiologique s'ajoutant à la dimension psychologique, des enfants souvent rejetés à l'école, mis à l'écart pour cause de différence, prêts à tout pour être acceptés, surtout au moment de l'adolescence, où les pairs sont si importants, se mettent à fumer pour appartenir à un groupe, le cannabis devient le liant social. Malheureusement, cela crée un terrain toxique qui bloque la production naturelle de neurotransmetteurs, engendrant un cercle vicieux. Il faut de nouveau consommer un peu d'une substance achetée à prix fort pour recevoir une petite giclée de neurotransmetteurs.

Selon Natasha Campbell-McBride, nous sommes venus au monde pour être heureux. Pour cela nous avons besoin d'une quantité élevée de neurotransmetteurs. Atteindre ses objectifs, s'accomplir, se réaliser n'est pas facile au quotidien, quand on n'a pas assez de neurotransmetteurs pour expérimenter la joie de vivre. Caféine, tabac, sucre permettent de booster la sécrétion, mais cela ne dure que quelques minutes, au maximum une heure, puis on a besoin de nouveau de se recharger en carburant. Un macaron ou un éclair au chocolat, un bout de pain ou un burger, un soda ou un verre de bière stimulent le noyau *accumbens* dans le circuit de la récompense. Dopamine, sérotonine, on se sent (enfin) vivre !

Pour éprouver suffisamment de joie au quotidien, nous avons besoin d'intestins en bonne santé, c'est-à-dire de colonies de bonnes bactéries saprophytes dans notre flore. Pour entretenir notre flore, il nous faut la nourrir avec une alimentation naturelle, vivante, à base de légumes, d'oléagineux et de fruits frais. Les produits chimiques dans les plats préparés altèrent les intestins. Le sucre et le lactose du lait nourrissent la flore pathogène.

Midi et soir, Bernard termine son repas sur un yaourt ou une crème glacée tirée de son congélateur. Quand sa femme lui fait une remarque sur la quantité de sucre raffiné et de lait industriel qu'il ingère ainsi, il oppose un définitif « c'est mon plaisir » et ajoute « sans glace, la vie n'a pas de goût ». Outre qu'il est difficile d'avoir beaucoup d'estime de soi quand le sens de notre vie repose sur une crème glacée, cette addiction met en lumière un terrible abîme de vide intérieur. Pourtant Bernard ne semble pas dépressif, il est actif, réussit plutôt bien professionnellement. Père de deux enfants, il est heureux en famille et encore amoureux de sa femme après plus de quinze ans. Seules ombres au tableau, il se ronge les ongles, et éprouve une fébrilité intérieure qui ne le laisse tranquille que lorsqu'il fait l'amour ou mange une glace. Les glaces sont nettement plus facilement accessibles que sa femme, surtout quand les enfants sont autour, ce sont donc elles qui sont élues pour l'aider à réguler son stress intérieur. Un jour, sur les conseils d'un ami, il teste un composé de probiotiques. Une semaine plus tard, il remet un yaourt entamé dans le réfrigérateur. Il n'a plus touché à une glace ou à un yaourt depuis. Il comprend alors que ce n'était pas vraiment lui qui voulait des glaces, mais les bactéries dans ses intestins ! La fébrilité intérieure l'a quitté. Et même le vide intérieur a disparu. Il s'est retrouvé. Les bactéries avaient pris le contrôle de son humeur. Nous transportons deux ou trois kilos de bactéries dans nos intestins, elles forment 90 % de nos cellules et de notre matériel génétique total. Ce que nous appelons notre « moi » n'est que 10 % de notre corps, une coquille, un habitat pour les bactéries qui vivent en nous, dit Natasha Campbell-McBride. Ce monde microbien est très organisé. Certaines espèces doivent prédominer. On les nomme saprophytes, elles sont garantes du bon fonctionnement de notre organisme. Nous devons avoir suffisamment de bactéries saprophytes pour tenir la dragée haute aux bactéries pathogènes. Quand nous avalons des probiotiques, ils risquent d'être digérés avant de parvenir au côlon. Il est alors préférable de choisir des prébiotiques, précurseurs des probiotiques. Eux ne peuvent être digérés et parviennent intacts là ou la bataille fait rage. Ils permettent alors aux bactéries probiotiques de se multiplier et donc de reprendre la place aux bactéries pathogènes.

Une étude[1], menée à l'université d'Oxford, a comparé l'anxiété de quarante-cinq femmes ayant pris soit un prébiotique soit un placebo pendant trois semaines. Comparativement au groupe contrôle, celles qui avaient pris le prébiotique avaient moins tendance à se montrer attentives aux informations négatives, un trait marqueur de dépression. Mais surtout, les femmes ayant pris le prébiotique avaient des niveaux plus bas de cortisol, l'hormone du stress. Dans une étude comparative, cette influence positive s'est révélée similaire à celle obtenue par des antidépresseurs ou des anxiolytiques !

Hélas, de génération en génération, du fait de la baisse de qualité de notre nourriture, mais aussi de la pollution, nos

1. Schmidt *et al.*, 2014 – http://www.ncbi.nlm.nih.gov/pubmed/25449699

flores ont tendance à dégénérer. De nombreux facteurs se conjuguent pour l'altérer, depuis la vie utérine. On croyait le côlon du fœtus stérile, mais des chercheurs ont collecté les premières selles de vingt nouveau-nés et ont constaté qu'elles contenaient déjà des bactéries. Ils ont établi deux profils selon le type de bactéries dominantes, lactobacilles ou Escherichia Coli. Les premières études montrent que les nourrissons de mères fumeuses ou peu instruites portent davantage d'Escherichia Coli. Les flores des bébés nés de mère diplômée ou consommatrice de bio comportent davantage de lactobacilles.

La nourriture industrielle, le tabac, mais aussi la pilule contraceptive jouent un rôle délétère. La pilule a rendu leur liberté aux femmes, mais elle modifie la flore transmise ensuite à l'enfant lors de sa naissance. La flore de base est majoritairement constituée par celle présente dans le canal de naissance, le vagin. En cas de césarienne, il est essentiel de tartiner la peau du nourrisson de flore vaginale de sa maman, et même de lui en faire téter un peu sur un doigt ou une petite cuillère. C'est bizarre, c'est sûr, mais sinon, mesurons que ce bébé césarienne élaborera sa flore à partir des mains des soignants et des bactéries traînant dans le bloc !

Quand le bébé tète le sein de sa mère, il ingère en même temps de bonnes bactéries. Aucun lait maternisé n'est parvenu à ce jour à apporter un équivalent même lointain de ces bactéries maternelles. La flore intestinale d'un bébé nourri au biberon est fragilisée.

Bien ciblés, les antibiotiques ont sauvé de très nombreuses vies, y compris la mienne à deux reprises, mais leur consommation excessive a un impact dramatique sur la flore intestinale. Les levures pathogènes, comme les clostridiaies, ne sont guère attaquées par les antibiotiques, mais les probiotiques, eux, sont éliminés ! Certes, la population se reconstitue, mais le temps qu'elle se reproduise, les bactéries pathogènes ont occupé la place et c'est de plus en plus difficile.

De nos jours, le nombre d'enfants atteints de troubles Dys, de troubles du déficit de l'attention, d'hyperactivité, de TOC ou d'autisme explose. Robin Pauc est peut-être l'un des premiers chercheurs en neurologie à avoir proposé des programmes nutritionnels pour venir à bout de ces troubles de l'apprentissage. À Tinsley House Clinic, en Angleterre, il traite des milliers de petits patients. Le docteur Amen, aux États-Unis, propose lui aussi des régimes selon les troubles, la devise de ses cliniques est « *Change your brain, change your life* ». Changer son cerveau, c'est changer sa vie. Et on change son cerveau en le nourrissant correctement selon ses besoins spécifiques. La neurologue Natasha Campbell-McBride souligne que les enfants autistes notamment naîtraient avec des cerveaux normaux. Puis les toxiques dans leur alimentation, dans l'air qu'ils respirent, dans l'eau qu'ils boivent altèrent peu à peu leurs capacités à trier les informations et à procéder correctement. Selon elle, les crises sont tout à la fois des marqueurs de surcharge et un effort de libération du cerveau. Elle explique que le cerveau déclenche une décharge électrique généralisée qui tente ainsi de se purifier des toxiques indésirables. Cela se manifeste un peu comme une crise épileptique. On voit de plus en plus d'enfants déclencher des crises d'une effroyable intensité, pas seulement chez les autistes. Bien sûr, le déséquilibre de la flore n'est pas le seul facteur en cause, tout est multifactoriel.

Le Dr Premysl Bercik[1] a démontré sur des souris qu'anxiété et dépression résultaient de la conjonction de deux facteurs : du stress dans l'enfance et des bactéries. Le seul stress dans l'enfance n'était pas suffisant pour mener les souris à se comporter avec anxiété. Les bactéries dans leurs intestins n'étaient pas non plus suffisantes en elles-mêmes. Si on transférait les bactéries des souris stressées sur des non stressées et sans germe, aucune anormalité n'était observée. D'autres chercheurs ont montré qu'anxiété et dépression étaient associées à des profils de microbiotes anormaux[2].

Que retenir ? La joie naît lorsque nous avons les neurotransmetteurs pour dans notre cerveau. La qualité, la quantité et l'efficacité de nos neurotransmetteurs dépendent pour beaucoup de notre façon de nous nourrir. Une flore intestinale saine est nécessaire à la joie de vivre.

---

1. Psyblog, « How Depression Is Linked to Intestinal Bacteria » : http://www.spring.org.uk/2015/07/how-depression-is-linked-to-intestinal-bacteria. php?omhide=true&utm_source=PsyBlog&utm_campaign=f110b223ee
2. Consuming a prebiotic bacteria can have an anti-anxiety effect. De Palma *et al.*, 2015. Étude publiée dans le journal Nature Communications.

Quand les plaisirs altèrent la joie

Laurent carbure au café, et Daphné au tabac. Elle fume un paquet par jour. Les mentions « fumer tue » ? Elle s'y est habituée. Et a le sentiment de braver le destin par sa survie. Elle peine dans les escaliers, mais elle aime cette petite sensation que lui apporte la première bouffée de cigarette. Elle a l'impression d'avoir l'esprit plus clair. Quand elle ne fume pas, elle sent son cerveau brumeux. Marine se plaint d'être tout le temps fatiguée. Robert ne veut pas marcher parce qu'il a mal aux genoux. Isaure pleure pour un rien. Antoine explose de colère pour des vétilles. Justine n'arrive plus à rentrer dans son jean. Ses rondeurs la désolent. Le lien entre tous ces symptômes ? Déséquilibres hormonaux, thyroïde paresseuse, axe hypophyso-adréno-thyroïdien perturbé.

Fatigue, douleurs, troubles de l'humeur, embonpoint, et pour « tenir », café ou clope… Comment sauter de joie quand on est épuisé, perclus de douleurs articulaires ou terrassé par des maux de dos ? Inflammation des tissus et manque d'exercice font le lit de toutes sortes de problèmes physiques. Je ne parle pas ici de maladie, bien qu'un terrain fragile soit un terreau fertile pour les affections de tous ordres, mais d'un état général non optimal trop répandu, altéré par la nourriture industrielle en général et plus particulièrement par un poison ignoré. Certaines des drogues les plus dangereuses pour les humains sont en vente libre. Les dealers ne sont pas inquiétés. Ils ont pignon sur rue et peuvent même faire de la publicité à la télévision. Ces nouvelles drogues envahissent les gares, les aéroports, les stations de métro, et même les lycées. En ville, il est difficile de ne pas s'en voir proposer dans les vitrines et autres distributeurs. J'ai nommé le sucre raffiné, le blé actuel et le lait industriel. Tous trois impactent notre humeur, notre cerveau et peuvent altérer nos capacités à vivre la joie.

Quand j'étais petite, il y avait un tout petit rayon confiserie dans la boulangerie. Aujourd'hui, il y a un tout petit rayon pain dans la confiserie. J'exagère à peine. Les distributeurs de sucreries et autres mini-snacks se multiplient jusque sur les quais de métro. Les rayons biscuits, céréales sucrées, bonbons des supermarchés sont gigantesques. Rien qu'à regarder ces étalages et à lire les étiquettes, nous salivons abondamment, ce qui augmente l'achat. Le nombre de boutiques de chocolat, de macarons, de bonbons colorés explose. Ces macarons sont tellement irrésistibles ! Et selon le bon biais de pensée « puisque ça se vend, ça ne peut pas faire de mal », avec la bénédiction de l'entourage qui vous regarde avec tendresse, voire une pointe de jalousie, vous craquez. Le délicieux macaron goût caramel-réglisse ou menthe-mangue fond dans la bouche, les papilles détectent l'afflux de sucre et le corps se prépare à accueillir le mets. Le sucre raffiné pénètre rapidement dans le sang, augmente drastiquement la glycémie. Vite ! Le corps dépêche immédiatement une escouade d'insuline pour mettre de l'ordre. Son zèle fait rapidement baisser le taux de sucre. Sentant alors poindre les prémices de l'hypoglycémie, nous nous précipitons vers un autre petit macaron. Peu à peu, une certaine résistance insulinique s'installe.

Tout le monde ne réagit pas au sucre de la même manière. Mais un adulte ou un enfant sensible au sucre réagira à ces fluctuations par une hyperréactivité émotionnelle, de la nervosité, de la tension, de l'agressivité alternant avec des périodes de fatigue, de mollesse, non-motivation et déprime. Le sucre nous donne du plaisir, c'est certain, mais il nous ôte de la joie, parce qu'il diminue nos capacités de concentration et nous entraîne sur des montagnes russes émotionnelles. Des sportifs de plus en plus nombreux diminuent leur consommation de glucides (sucres) au profit de bonnes graisses pour améliorer leurs performances.

Barbara Reed, juge de probation, propose des régimes aux criminels en alternative à l'emprisonnement. Ceux qui acceptent voient leur vie se transformer. Le taux de récidives est étonnamment bas, parce que ces criminels, sevrés de leur drogue, n'éprouvent plus ces accès de violence qu'ils avaient auparavant. Des expérimentations menées dans des prisons, des centres de détention pour jeunes délinquants et des écoles ont montré une moyenne de 50 % de baisse de la violence et des incivilités lorsqu'on retirait le sucre blanc de l'alimentation. J'évoque ces études en détail dans mon livre *Bien dans sa cuisine*[1], je n'y reviens pas ici.

« Ce sont les petits plaisirs de la vie. » « On ne peut pas se priver de tout. » Oui, ce serait une bonne idée que le sucre reste un petit plaisir très occasionnel. Mais son hyperdisponibilité et son attractivité le rendent d'autant plus dangereux

1. *Op. cit.*

qu'il semble anodin et est associé à l'idée de « se faire du bien » ! Cela ne fait du bien qu'au portefeuille des industriels de l'agroalimentaire.

Le gluten est lui aussi responsable de problèmes d'humeur. Les peptides opioïdes du gluten qui passent la barrière intestinale entrent dans le sang et migrent jusque dans le cerveau, se fixent sur les récepteurs opioïdes du cerveau, déclenchant un plaisir immédiat, mais bloquant la place des endorphines naturelles de l'organisme. Le docteur David Perlmutter[1] souligne que le blé moderne, présent dans le pain ou les pâtes, est un véritable neurotoxique, pour tout le monde, pas seulement pour les intolérants ou les personnes sensibles au gluten. Les rayons d'aliments sans gluten fleurissent, mais attention, nombre de ces produits contiennent beaucoup de sucre.

Le régime propice à la joie

Quand on est fatigué, déprimé, quand on manque d'énergie, on peut avoir envie de s'offrir de petits plaisirs. Même si nous savons que ce n'est guère bon pour nous, notre corps se tourne vers les sucreries, les chips, le pain ou les pâtes. Les glucides stimulent la libération de sérotonine et une giclée de dopamine dans notre circuit de la récompense, mais attention au rebond de l'insuline, sans compter les autres dommages que provoquent les excès de sucres dans notre corps et notre cerveau. Pour nous assurer de bonnes quantités et surtout un

1. Perlmutter, David, *Ces glucides qui menacent votre cerveau*, Marabout.

bon équilibre de toutes ces bonnes hormones, mieux vaut se tourner vers les câlins avec nos proches, l'exercice physique et, côté repas, choisir des aliments qui contiennent :

Du *tryptophane* : œufs, laitages type brousse et ricotta, dinde, canard, céréales et légumes secs, aubergines, prunes, figues, soja, riz complet, pain complet, banane, dattes, noix, noix de cajou, noix de coco, cacahuètes, chocolat.

De la *tyrosine* : amandes, avocats, bananes, produits laitiers…

Des *vitamines du groupe B* (B6, B9, B12) : foie de veau, fruits de mer, légumineuses, céréales complètes, épinards, cresson, mâche, brocoli, germe de blé et levure de bière.

Du *magnésium* : céréales complètes, légumineuses, noix, noisettes, amandes, eaux riches en magnésium.

Des *acides gras oméga 3* : saumon, sardines, maquereau, hareng, thon, noix et huile de noix, huile de colza, graines et huile de lin, huile de foie de morue.

Comment allez-vous ?

À l'origine, l'expression complète était « comment allez-vous à la selle ? ». On s'enquérait ainsi de notre état de santé, car nos selles en disent long. Pourquoi parler de caca dans un livre sur la joie ? Ceux qui peinent sur le trône le savent ! Difficile d'avoir accès à la joie quand on est coincé en bas. Dans les pays occidentaux, le nombre de personnes souffrant de constipation chronique est estimé entre 3 % et 5 % de la population adulte. Si on intègre la constipation occasionnelle, nous atteignons entre 10 % et 30 % de la population adulte. Plus de cinquante millions de boîtes de laxatifs sont vendues en France chaque année. C'est un vrai problème. D'où vient que nous ayons tant de difficulté à déféquer ? C'est tout simple, outre une alimentation pas toujours très saine, nous bloquons les fèces par une posture antiphysiologique. Depuis la nuit des temps, les humains se sont accroupis pour déféquer. Puis est venu le siège d'aisance, la vasque dominée de sa lunette avec la chasse d'eau. C'est propre, mais pas très efficace. Quand on est accroupi, l'axe ampoule rectale – dans lequel les fèces sont accumulées – et le canal anal – par lequel elles doivent sortir – sont alignés. Le périnée postérieur est détendu, la pression abdominale spontanée plaque les viscères vers l'arrière sans les pousser vers le bas. Les fèces sortent facilement. Ça vient tout seul, sans effort ! La première fois qu'on monte sur un petit tabouret pour rehausser les genoux, la sensation est étrange pour un Occidental qui n'a connu que les sièges en porcelaine blanche. Quand on trône sur la lunette, la tendance est à l'avachissement en glissant les fesses vers l'avant, créant une angulation maximum entre l'ampoule rectale et le canal anal ainsi que la fermeture du périnée postérieur. Pour réussir à déféquer, il est alors nécessaire de pousser, descendre le diaphragme et sortir le ventre, ce qui a des conséquences à long terme dramatiques sur le périnée et les abdominaux. Un petit tabouret sous les pieds résout rapidement nombre de soucis de prétendue constipation. Quelle joie quand ça sort tout seul !

Cette information est évidemment valable pour les petits enfants à qui on enseigne la propreté. Soyons attentifs à ce que leurs genoux soient toujours au-dessus de leurs fesses, ils iront d'autant plus volontiers faire caca comme les grands que la position leur permettra facilement de laisser sortir le colombin, comme quand ils faisaient dans la couche en s'accroupissant.

Et si nous n'avons pas de tabouret de toilettes, plaçons quelques livres sous nos pieds pour avoir les genoux plus hauts que les fesses. Nous pouvons aussi nous accroupir sur la lunette, mais c'est plus acrobatique.

6.

Éduquer à la joie[1]

Éduquer nos enfants à la joie ? Y a-t-il plus importante mission ? Mais comment faire ?

Euh… ne seraient-ils pas plutôt nos maîtres en la matière ? Les enfants sont naturellement joyeux ! La première façon de les éduquer à la joie est déjà de ne pas les en priver ! Un regard complice, une course-poursuite ou un jeu de ballon et leur visage rayonne. Un rien les fait rire aux éclats. Puis ils vont à l'école et dès la maternelle, il faudrait « être sérieux » et se préparer à la dureté de la vie. Certains enfants ne veulent pas grandir, pourquoi devenir adulte si ça signifie devenir triste ? Nous sommes si sérieux, nous les adultes ! Nous oublions trop facilement que la vie est courte et qu'il n'y a pas d'autre urgence que de rire et de s'aimer.

1. Voir aussi le travail d'Antonella Verdiani : www.educationalajoie.com

Courir, sauter, bouger…

Deux cousins de neuf et dix ans se retrouvent pour les vacances. Leurs regards se croisent, ils ne disent rien, mais leurs visages s'illuminent. « Le premier à la barrière », lance l'un et ils se mettent à courir en riant. Joyeux, les enfants sautent et courent, « on ne les tient plus », se plaignent les parents. Tiens, pourquoi devrait-on les tenir ? La réaction est naturelle. Nous l'avons vu, la joie provoque une activation de tout le corps, les muscles sont mobilisés, l'excitation est là. Rester assis sur une chaise à ce moment-là est tout à fait contraire à la nature. C'est certain, en appartement, ce n'est pas toujours simple à gérer. Mais c'est l'appartement qui est antinaturel, pas la réaction physique enthousiaste. Si les enfants aiment tant sauter sur les canapés et autres matelas, c'est qu'il s'agit d'un réel besoin physique. Pourquoi pas un petit trampoline dans le salon si on tient à son canapé ? Ce sera bon aussi pour la ligne de maman, le cœur de papa, et la santé émotionnelle de tous.

Un bambin a une énergie qui semble inépuisable. On a demandé à un champion olympique de mimer les mouvements d'un petit de deux ans pendant une journée. Il a jeté l'éponge au bout de deux heures, absolument épuisé !

Nous avons tendance à penser l'activité physique comme une simple décharge de tensions. « Je l'ai emmené au parc pour qu'il se défoule ! » Mais courir, ce n'est pas se défouler, c'est construire son cerveau[1]. En liberté, les enfants bougent énormément, grimpent aux arbres et courent ! Il semble qu'ils aient tendance à courir en rond (ce qui leur permet de ne pas s'éloigner trop de la figure d'attachement), mais ils sont increvables ! Au jardin d'enfants conçu par l'architecte Takaharu Tezuka[2], à une heure de Tokyo, les enfants de quatre ans courent en moyenne quatre kilomètres, certains jusqu'à six kilomètres en une heure ! L'expérience de cette école très originale semble montrer que des enfants en liberté, en mouvement, ne se battent pas ou pas autant que ceux qui sont confinés. Les enfants en boîte, eux, se battent et font des crises de rage qui ne sont que des crises de stress, un peu comme les animaux en captivité.

Il est important de réaliser que bouger, courir, danser ne sont pas des activités futiles, ça aide à mémoriser, apprendre, réguler les émotions, se concentrer… et ça donne de la joie !

Tout seul !

La joie qui se lit sur le visage d'un tout-petit qui vient de réussir à se retourner ou à attraper un jouet tout seul est absolument magique. La maîtrise de ses muscles, de ses gestes, de ses postures, de ses allures, sont de grandes victoires. Les tout-petits ont besoin de pouvoir utiliser toutes les compétences physiques dont ils sont capables pour les

1. https://marathonkids.org
2. www.ted.com/talks/takaharu_tezuka_the_best_kindergarten_you_ve_ever_seen?language=fr

renforcer. De nos jours, les bébés sont victimes des industriels qui proposent toutes sortes d'objets de confort. Sièges et autres coques sauvent des vies dans les transports et il n'est pas question de s'en passer, mais en dehors de la voiture, ne les laissons pas dedans. Les bébés ont besoin de muscler leurs membres et leur dos, de maîtriser leur équilibre, d'exercer leur coordination visuo-motrice, tout cela construit les réseaux de neurones dans leur cerveau. Si nous surgissons pour aider un nourrisson à se retourner quand on le voit peiner, ou l'adossons à un oreiller ou dans un siège qui lui maintient le dos, nous le privons de l'exercice d'une capacité essentielle pour son développement. Lorsqu'un nourrisson qu'on pose sur le ventre parvient à se retourner après moult efforts, il exulte. Lorsqu'un petit d'un an réussit à faire quelques pas sans mettre fesse à terre, il rayonne. Peu à peu, l'enfant apprend à maîtriser ses gestes, il affine sa motricité fine, développe ses muscles, son équilibre… chaque fois qu'il réussit quelque chose qu'il ne savait pas faire avant, il est fier, lumineux !

Quand ils n'arrivent pas à monter l'échelle du toboggan, nous les mettons en haut… Nous leur servons le poulet et les légumes dans leur assiette alors qu'ils pourraient très bien manier la grande cuillère de service. Nous ouvrons leurs œufs, épluchons leurs bananes, coupons les pommes. Bref, nous sommes à leur service… Un peu trop !

Le poussin peut être content de se réfugier dans les plumes de sa maman, c'est chaud et doux et on peut se laisser porter, maman veille. Mais la joie est dans l'aventure, dans l'autonomie et la liberté. Elle est dans l'effort pour se retourner et réussir, enfin, à s'asseoir « tout seul », mettre ses lacets tout seul, monter au toboggan tout seul… Les parents sont fascinés par l'objectif, le résultat. Pour les enfants, c'est le processus, le faire, qui est central. Pour les parents, l'important est que les pieds soient chaussés. Pour les enfants, l'important est l'action de mettre les chaussures. Pour les parents, l'important est d'être assis, pour l'enfant, c'est l'action de s'asseoir.

Enseigner à pêcher plutôt que donner du poisson !

Le petit d'homme naît dépendant. Il ne peut survivre seul, il a besoin de la protection de son parent. L'enfant élabore son sentiment de sécurité intérieure dans la qualité de l'attachement tissé avec ses figures d'attachement dans les premiers mois de sa vie.

Quand le tout-petit est porté, regardé, quand ses parents répondent à ses besoins, il se sent en sécurité. En revanche, si les parents ne viennent pas, ne répondent pas, ne le touchent pas beaucoup, il ne peut construire un attachement sûr, ni intégrer une bonne base de sécurité intérieure. Une des dimensions de la sécurité est donc bien l'attachement, le lien, la connexion. Une fois l'attachement assuré, l'enfant explore son environnement. Au fur et à mesure, l'enfant est de plus en plus capable de se débrouiller seul. Si nous continuions à protéger un enfant qui n'en a plus besoin, il ne pourrait se développer harmonieusement, ni acquérir la confiance en ses compétences personnelles.

Nadine raconte : « Ma fille rentre d'un camp scout, elle s'est éclatée ! À la maison, elle crise à la moindre araignée. Là, elle a dormi sous la tente. Elle a observé les fourmis dans l'herbe avec ses copines et un microscope… Je n'en reviens pas. » À la maison, Nadine protège énormément sa fille, ôte prestement les araignées de sa vue…

De manière générale, nous – surtout les mamans – faisons trop pour nos enfants, nous faisons à leur place, perdant ainsi une occasion de leur permettre de développer leurs propres compétences. « Quand un homme a faim, donne-lui un poisson, mais, surtout, apprends-lui à pêcher. » S'il est naturel de donner du poisson à manger à un nourrisson (c'est une image), lui enseigner à pêcher dès qu'il en est capable sera davantage source de joie pour lui que le confort de recevoir. Un enfant de trois ans le clame d'ailleurs haut et fort, il veut faire « tout seul ! ». Mais la tendance à prendre en charge, contrôler et surprotéger du parent ne s'éteint pas forcément pour autant.

Mon fils de dix-neuf ans fait ses études à Vancouver. Il est resté à l'université pendant tout l'été, mais doit déménager pour la rentrée. À deux semaines du jour fatidique, il me dit qu'il n'a pas encore trouvé de logement. Sur Skype, je lui dis :

— Si j'étais plus proche de toi, j'aurais eu plaisir à t'aider dans tes recherches.

— Pauvre petit piou piou ! me répond-il ironiquement avant de me rappeler qu'il est autonome et a trouvé seul les différents logements qu'il a occupés depuis l'âge de dix-sept ans. Il m'a renvoyée dans mes buts. Il me l'avait confié pour m'en informer, pour que je sache ce qu'il vivait, que je me sente proche de lui. Il n'avait besoin que d'écoute, pas de proposition d'aide. À dix-neuf ans, il est capable de le formuler. Un bébé se contentera de pleurer, un bambin fera une crise de rage, un enfant de six ans va chouiner et un ado claquera la porte en hurlant (je schématise). Le tout parfois à retardement, ce qui ne nous permet pas d'identifier la cause de cette brutale explosion. Interrogés, les enfants ne sauront pas forcément mettre des mots sur leur vécu. Ils réagissent émotionnellement parce qu'ils se sentent mal à l'intérieur, sans forcément identifier exactement ce dont il s'agit.

C'est vrai, pour une maman, son enfant est longtemps son petit poussin, probablement toute la vie, et c'est dans l'ordre des choses. S'il est malade, s'il est en danger, elle foncera. Même quand son poussin aura trente ou quarante ans, elle continuera probablement de s'enivrer en humant l'odeur de son crâne et sera prête à dégainer ses réflexes de protection avant même de réfléchir. Elle est le porte-avion, la base de sécurité où l'enfant peut venir se recharger en carburant pour mieux repartir, explorer et voler au loin.

C'est un vrai plaisir que de s'occuper de ses enfants, de prendre soin d'eux. Et cela fait partie de notre rôle de parent que de permettre d'explorer et de développer leurs propres compétences. Le porte-avion est disponible, mais ne se précipite pas au devant de l'avion à moins d'une grave avarie. C'est l'intimité que nous allons être capables d'offrir qui va nourrir l'enfant, juste être là, cœur à cœur, vivre l'instant, sans arrière-pensée du type « que dois-je faire pour lui ? », sans projet sur lui.

Les risques qui assurent la sécurité

Du risque (mesuré) dans leurs jeux les encourage à penser de manière critique et semble même avoir un effet positif sur leur santé. C'est ce qu'ont déterminé les chercheurs. Mariana Brussoni, du département Pédiatrique et Population et Santé publique de l'université de Colombie-Britannique au Canada : « Nous avons trouvé que les espaces de jeux où les enfants pouvaient prendre des risques augmentaient le temps de jeu, les interactions sociales positives, la créativité et la résilience. »

De nos jours, les espaces de jeux pour enfants sont trop protégés, trop sécurisés. C'est la conclusion d'un article dans le *Journal international de recherche environnementale et de santé publique*. Les auteurs ont analysé dix-huit études[1] sur les bénéfices et conséquences du jeu sans supervision d'enfants entre sept et quinze ans. Résultat : la politique du risque zéro a un coût ! Les enfants ont besoin d'être exposés à certains

1. www.mdpi.com/1660-4601/12/6/6423?trendmd-shared=0
What is the Relationship between Risky Outdoor Play and Health in Children ? A Systematic Review Mariana Brussoni *et al.*

risques – proportionnés s'entend –, des risques qu'ils puissent repérer, évaluer le défi à relever et décider en conséquence. Courir comme un fou, se déchaîner sur une balançoire, escalader un arbre, ça libère de l'adrénaline. Mobiliser fortement son corps permet de se sentir fort. Quand on arrive à vaincre un obstacle, la dopamine inonde le cerveau : Joie !

Un enfant qui prend des risques en grimpant sur le grand toboggan au square éprouve son pouvoir personnel. Il sent ses muscles. S'il est autorisé à monter le toboggan par la descente, il s'approprie l'espace, mesure sa force, rencontre l'obstacle de la gravité, voit comment il peut s'accrocher. Quand il réussit à grimper tout en haut, non seulement il est fier, mais il est plus solide qu'avant, plus confiant. Il maîtrise l'objet, il l'a exploré dans tous les sens, il le connaît, il est désormais davantage capable de mesurer le risque. Si sa maman le tient alors qu'il monte, voire descend le toboggan, elle lui transmet le message qu'il n'est pas capable de faire seul. S'il n'a pas le droit de monter par la descente, il n'a pas pu explorer toutes les caractéristiques de l'objet, il se sent moins sûr de lui, donc moins en sécurité. En cherchant à assurer sa sécurité, le parent non seulement risque d'insécuriser l'enfant sur le moment, mais aussi de l'empêcher de construire son aptitude à faire face. Le sentiment de sécurité, c'est à l'intérieur de soi qu'on le fonde.

« Descends de là, tu vas te casser quelque chose ! » Oui, il arrive que les enfants se fracturent un bras ou une jambe. C'est le premier motif de consultation aux urgences. Mais les études montrent que « jouer en hauteur n'est corrélé ni à la fréquence ni à la sévérité des fractures». Quand l'espace est trop sécurisé, les enfants ne font plus attention ni à leurs corps ni à l'environnement. Leur vigilance baisse. Quand il y a un peu de risque, la majeure partie des enfants deviennent prudents, attentifs, et donc ils prennent des risques, mais mesurés et en conscience.

En ce jour de Pâques, nous avions promis à ma mère que nous ne skierions ce jour-là que sur des petites pistes faciles, ni piste rouge et encore moins noire que nous empruntions les autres jours. Elle craignait l'effet anniversaire… En effet, les deux années précédentes, à la même date, mes deux frères s'étaient cassé l'un la jambe, l'autre le bras. Après avoir ri de la superstition de ma mère, le téléski nous a menés en haut d'une piste ultra-facile. Sur cette pente sans surprise, notre vigilance a baissé, et cette fois, c'est moi qui me suis retrouvée à descendre allongée sur le traîneau des sauveteurs. Entorse avec épanchement de synovie et rupture des ligaments… On n'est pas plus en sécurité quand le terrain est facile ! Les difficultés stimulent la vigilance et apportent plus de joie.

Communiquer et construire des souvenirs

Happés par les exigences du quotidien, notre conversation familiale est souvent pauvre, ponctuée d'ordres fais-ci, fais-ça et de questions «Tu as pensé à ton sac de sport ?» «Tu t'es brossé les dents ?» «Quels sont les plans pour samedi ?» Il nous arrive de poser des questions et de n'écouter qu'à peine les réponses. Pour faire naître la joie, nous avons besoin de communiquer, de partager des émotions.

À la question « Qu'est-ce que tu as fait à l'école aujourd'hui ? » les enfants nous gratifient souvent d'un laconique « rien ». Une autre formulation : « Qu'est-ce que tu as préféré dans ta journée ? » recevra davantage d'attention. De temps à autre, nous pouvons expérimenter des questions plus ouvertes : « Si tu pouvais faire trois vœux, qu'est-ce que tu demanderais ? Si tu n'allais pas à l'école, tu ferais quoi ? Si tu pouvais vivre n'importe où, ce serait où ? Ah ? raconte, qu'est-ce qui t'attire là-bas ? » Etc. Il arrive que nous ne posions pas la question parce que nous craignons les réponses ! Mais l'accès à l'imaginaire permet en réalité de mieux vivre le présent. Et dans l'imaginaire, nous rencontrons notre enfant. La connexion donne de la joie.

On peut se raconter mutuellement « une chose que j'ai aimée et une chose que je n'ai pas aimée dans ma journée » au moment du coucher ou tous en famille lors du dîner. Partager ce qui a été difficile est aussi important que ce qui a été bon. La joie n'est pas que dans le plaisir, elle émerge de l'intimité créée par le partage authentique des émotions. Multiplions les partages intimes, les soirées de jeu en famille, les promenades, et pensons « rituels » familiaux.

Les rituels marquent les moments de recentrage, de connexion, donc de joie. Pensons que nous ne sommes pas seulement en train de déguster un sushi ou de jouer à un jeu de société ensemble, mais que nous construisons les mémoires de nos enfants pour le futur. Ces moments seront autant de ressources dans lesquelles ils pourront puiser quand ils seront adultes et auront besoin de réveiller de la joie en eux ! Pour que notre passé soit une richesse, nous avons à en prendre soin dans le présent. Nous ne mesurons pas toujours sur l'instant la portée d'un Monopoly qui dure des jours voire d'un jeu de sept familles au restaurant. Plus il y aura de rires, plus cela s'engrammera dans la mémoire.

Jouer est le travail des enfants. « Mais papa, arrête, c'est sérieux », rappelle Emma à son papa, l'auteur du fantastique livre *Qui veut jouer avec moi*, quand ce dernier prend le jeu à la légère. En jouant, les enfants développent leurs sens et leurs compétences corporelles, émotionnelles et intellectuelles. Ils s'exercent. Ils apprennent, découvrent, comprennent. Ils intègrent les expériences difficiles, trouvent des solutions aux défis de leur quotidien. Ils se guérissent, se libèrent du poids de certaines émotions. Bref, le jeu est une activité totale.

Éduquer à la joie, c'est participer aux jeux des enfants au maximum, entrer dans leur monde grâce à ce langage, rire ensemble, montrer que nous prenons du plaisir à être avec eux. Ce temps passé ensemble se marque profondément et ancre un sentiment de sécurité intérieure et de connexion qui remplit de joie tant l'enfant que le parent. Dans le jeu, on peut se toucher, se chatouiller, faire du corps-à-corps qui remplit tellement le cœur et le corps de joie ! Et puis, c'est une occasion de le laisser gagner pour qu'il se sente FORT ! Et quand on se sent fort, on peut dire « JE » avec fierté et sentir la joie de gagner. Renforçant ainsi son pouvoir personnel, l'enfant bâtit sa confiance et augmente sa capacité à vivre la joie. Laisser l'enfant petit gagner sur ses parents lui permet de remplir son réservoir à ras bord. Il est ensuite capable de supporter de perdre face aux autres de son âge. Savoir perdre est une question de régulation émotionnelle. Et les capacités de régulation émotionnelle se cultivent dans la relation affective proche avec le parent.

Agenda

Le plaisir partagé d'un instant, un bonhomme de neige, un câlin, un jeu, un instant de grâce en jouant avec la mousse de la vaisselle… resteront dans notre mémoire et forgeront des voies neuronales dans le cerveau de notre enfant, l'équipant pour le futur bien plus que les innombrables lessives et e-mails urgents. Appeler le plombier ou terminer un dossier à temps pour un client, c'est important. Mais pas essentiel. La joie, c'est relâcher de temps à autre notre efficacité, préférer l'enfant à la vaisselle. Il n'aura plus jamais deux ou cinq ans. On peut partager les tâches ménagères avec lui parce que c'est toujours plus sympa à plusieurs, et si on y perd en efficacité parce qu'il joue à se cacher avec les serviettes de toilette et que les plier prend vingt minutes au lieu de cinq, nous aurons vécu un Moment Magique, et c'est ça la VRAIE VIE ! Ne nous laissons plus distraire du réel, distraire de la vie, distraire de l'intimité.

« Qu'est-ce qui est le plus important dans ta vie ? » Sonia répond sans hésiter : mes enfants et mon couple ! Nous jetons un œil dans son agenda. Il n'y a que des rendez-vous professionnels et le prénom des enfants n'y figure que pour les rendez-vous chez le dentiste, le cours de judo ou les sorties scolaires. Son Smartphone est toujours allumé et quand il sonne ou vibre, elle se précipite dessus. Même quand elle emmène sa fille en voiture à son cours de piano, elle vérifie ses e-mails au feu rouge. Alors qu'elle joue avec Carla ou fait la cuisine, elle jette un œil sur son écran à chaque notification de réception de message ou d'e-mail. Souvent elle prend quelques instants pour répondre. Comme nous parlons, Sonia réalise que sa fille ne doit pas se sentir la plus importante… Sa chère petite Carla peut entendre : « J'ai d'autres choses plus importantes que toi dans ma vie. » La majeure partie des e-mails ne sont pas aussi urgents qu'ils le paraissent. La performance de nos outils électroniques nous rend addicts, nous sommes facilement happés par cette connexion si facile et rapide au monde extérieur. Pourquoi ne pas inscrire sur notre agenda des temps spécifiques avec les gens qu'on aime ? Mardi, 17 heures : Une heure de jeux avec Martin. Pourquoi ne pas faire sonner notre mobile de temps à autre pour nous rappeler l'urgence de donner un câlin ou d'aller rire un peu avec Tina ?

Répondre à nos e-mails en jouant aux petits chevaux ne nous pose pas de problème et nous donne la satisfaction de réussir à être la *business woman* en même temps que la maman, et puis, c'est gratifiant. Avoir une conversation adulte maintient notre attention… Mais aussi notre tension et nous éloigne de l'enfant. Quand on coupe son téléphone, on est vraiment présent, on ne joue plus « aux petits chevaux », le plateau de jeu est toujours là et on lance les dés, mais on joue avec l'enfant. C'est la relation qui est importante et non le jeu.

Il y a quelques années, la neige est tombée si massivement que l'électricité a été coupée pendant trois jours… Isolés dans notre maison entourée de neige, notre voiture immobilisée, sans Internet, nous ne pouvions plus travailler. Quelle merveille ! Nous avons fait de grandes balades dans la poudre blanche, des bonshommes de neige, des feux dans le poêle et dîné à la lueur des bougies. Quand l'électricité est revenue, nous étions presque frustrés. Mais nous avons rallumé les lampes et nos ordinateurs. Nous n'avons pas su, pas pu, poursuivre ce temps de connexion et de joie à être ensemble et avec la nature. Mes enfants sont grands et partis de la maison, mais si c'était à revivre, je proposerais à ma famille de noter sur nos agendas respectifs des temps ensemble sans ordinateur ni téléviseur. Nous avons parfois besoin de nous organiser pour ne pas laisser les tâches du quotidien envahir notre espace-temps.

Le présent n'existe jamais plus. Saisir la beauté d'un coucher de soleil, d'une nuit étoilée, d'un arc en ciel, mais aussi d'un sourire, des rires autour d'une pitrerie, d'un gâteau raté… partager la beauté de la vie.

Accueillir l'expression de la joie des enfants

« Calme-toi ! Ne fais pas tant de bruit ! »

« N'exagère pas, tu n'as quand même pas décroché la lune. »

« 18 en histoire ? Et pourquoi pas 19 ? »

Les adultes ont parfois du mal à accueillir la joie. C'est une émotion explosive, qui fait du bruit, fait rayonner l'enfant ! Et comme c'est l'émotion de la liberté, elle dérange parfois les parents qui peuvent avoir le sentiment de perdre du contrôle.

Parfois, nous valorisons : « Tu es le meilleur », « c'est très bien », « tu as bien travaillé ». Observons l'impact de ce langage sur l'enfant. Il nous sourit, il se calme, il se rétrécit un peu sous l'évaluation. Ce sont des phrases positives, mais tout de même des jugements. Cela nourrit sa fierté, cela lui fait plaisir… mais cela éteint la joie.

Hugues rentre du collège : « J'ai eu 18 à l'interro d'anglais. »

Empreints de bonne volonté et de désir de faire de la parentalité positive, nous manifestons notre enthousiasme : « Bravo ! C'est super bien. »

« Ouais, c'est nul… Jonas a eu 19 ! »

Ou un désabusé :

« C'était noté sur 40 ! J'ai même pas la moyenne. J'suis trop dégoûté ! »

Attention, donc avec notre joie. Laissons venir l'enfant d'abord.

- Reprendre le mot important de la phrase : « 18 ? » d'un ton neutre.
- Demander : « Et qu'est-ce que ça te fait ? »
- Décrire : « Je t'ai vu bosser pour cette interro. » Et écouter comment l'enfant enchaîne.

Quand nous permettons à l'enfant de sentir ce qui se passe dans son corps lorsqu'il éprouve de la joie, cette dernière augmente encore. Les enfants, comme les adultes, gagnent à célébrer bruyamment une réussite, un succès, un dépassement de soi. Un bon niveau de jubilation, même teintée d'un peu de médisance, « Lucas était nul ! », augmente les sécrétions d'ocytocine et nourrit la confiance en soi[1]. Et la dopamine permet l'activation du codage de la myéline.

La joie est une émotion et l'enfant a besoin d'un espace pour la laisser s'épanouir en lui. « Quand Ariel t'a fait la passe, tu as bondi pour choper le ballon. » Un langage descriptif lui permettra de rester en contact avec lui-même, de sentir la connexion avec nous, notre intérêt réel… Il sera boosté et grandira d'autant.

Les récompenses sont des punitions

Un après-midi, mon fils est rentré de l'école maternelle très interrogatif : « Maman, la maîtresse elle nous a dit de ranger la classe pour avoir un bonbon. Mais on range pour ranger, non ? » À ses yeux, il n'y avait pas de lien logique entre un

1. Dr. Pepping, *op. cit.*

bonbon et le rangement. Outre que donner du sucre, peut-être même avec des colorants, à un enfant de maternelle se discute, offrir une récompense pose toutes sortes de questions que cette enseignante ne s'était manifestement pas posées.

Ayant probablement intégré l'idée que ranger était une tâche désagréable et fastidieuse qui ne pouvait être entreprise pour elle-même, la maîtresse avait trouvé cette astuce pour obtenir la remise en ordre de la classe. Bonjour les caries, les montagnes russes du taux de sucre dans le sang, sans compter les dysbioses intestinales. De nos jours, la plupart des enseignants ont heureusement abandonné les bonbons, mais pas l'idée de récompense et sont passés aux stickers. C'est moins nocif pour le corps, mais tout autant pour le cœur et la tête. Pourquoi ? C'est démotivant ! Une promesse de récompense augmente certes notre probabilité de faire quelque chose, mais cela change profondément notre manière de le faire. Nombre d'études le montrent avec consistance. Des enfants récompensés, ou non, pour jouer à des jeux mathématiques pendant douze jours ont rapidement joué davantage aux jeux qui leur faisaient gagner des récompenses. Mais quand ces dernières ont disparu, leur intérêt pour ces jeux a diminué significativement au point qu'ils se sont montrés moins intéressés que les enfants qui n'avaient jamais été récompensés. Les chercheurs en ont conclu que l'utilisation des récompenses systématiques pour inciter l'engagement dans des activités spécifiques peut aussi produire une diminution de l'engagement envers la tâche dans des situations où la récompense n'est pas disponible. Lorsqu'une motivation extrinsèque est offerte, cela dévalue l'activité. On n'y trouve plus de motivation intrinsèque.

Une seule récompense suffit pour ôter la joie d'une activité, surtout si elle n'a pas de lien avec la tâche.

Louise Brighwell Miller[1] a proposé à des garçons des séries de dessins de visages à apparier. Elle pensait qu'ils feraient mieux s'ils étaient payés et leur a proposé des récompenses financières de différentes valeurs. Eh bien, les enfants faisaient davantage d'erreurs quand ils étaient rémunérés que lorsque la tâche était gratuite. Et ce quelle que soit la somme promise. C'est vrai aussi sur les adultes. Un projet proposant de récompenser les conducteurs chaque fois qu'ils mettaient leur ceinture de sécurité a montré moins d'efficacité sur la durée qu'un autre programme sans récompense. Les chercheurs n'avaient pas anticipé un tel résultat tant notre société tout entière voue un culte au concept de récompense.

Toutes les recherches montrent que les sujets à qui l'on n'offre ni argent ni récompense réussissent mieux les tâches qu'on leur confie. Pis, quand on leur offre une récompense, ils obtiennent moins de succès même dans une activité qu'ils aimaient auparavant ! Stupéfaction des expérimentateurs[2]. On peine à comprendre l'immense succès des tableaux de récompenses qui fleurissent dans nos écoles ! Ce n'est efficace que sur le très court terme, et dessert le long terme. Mais c'est facile à mettre en œuvre, ça donne une impression de

1. Université du Kentucky.
2. Kohn, Alfie, *Punished by Reward*, New York : Basic Books, 1990.

contrôle à l'enseignant. Il est obéissant ? Un sticker ! Il fait du bruit ? On enlève un sticker. Eh oui, les récompenses sont finalement des menaces de punition… C'est bien plus facile de mettre ou enlever un sticker que de se poser la question de savoir s'il est bien raisonnable de maintenir un enfant de cet âge assis sur une chaise si longtemps, ou si nous pourrions utiliser une autre pédagogie. Une récompense de temps à autre ne pose pas de problème, ce qui est problématique, c'est la promesse d'une récompense. Quand une équipe ou un enfant a particulièrement bien travaillé, le parent ou l'enseignant peut le récompenser, mais mieux vaut éviter la première fois de manière que l'étudiant n'associe pas la tâche à la récompense. Gagner une coupe dans une compétition n'a rien à voir avec cette dynamique de proposer une récompense pour l'accomplissement d'une tâche. On ne motive pas les athlètes par la coupe, ils aiment leur sport avant tout et se dépassent dans la compétition avec les autres. La coupe est le symbole de leur succès. De même, remettre un trophée à l'équipe dont la chambre est la mieux rangée en colonie de vacances est source d'émulation et permet à chacun de montrer ses talents d'organisation et de rangement.

Les récompenses sont efficaces pour obtenir obéissance, pas pour enseigner un comportement. L'effet positif ne dure en général pas au-delà de la récompense (qui doit toujours être augmentée) et surtout altère le goût de faire la chose pour elle-même. Or nous avons vu que c'est une condition de la joie ! Cette dernière naît naturellement de la mise en jeu de nos compétences. Nous sommes heureux quand nous nous absorbons dans une activité autotélique ou dirigée vers un objectif qui nous tient à cœur.

Les enfants, comme tous les humains, éprouvent de la joie à « faire bien ».

Se repose-t-on sur ses lauriers ?

Les sportifs qui perdent sont épuisés, abattus, ralentis. La tête tournée vers le sol, ils la tiennent dans leurs mains. Ceux qui gagnent ont encore la force de courir autour du stade, de sauter les uns sur les autres. La joie donne de l'énergie. On n'a jamais vu qui que ce soit s'asseoir sur ses lauriers. Dès qu'on reçoit des lauriers, ça donne de l'énergie et envie de faire plus. Il est étonnant que l'école n'ait pas encore mesuré cela, et que de trop nombreux parents estiment qu'un bon enseignant est un prof qui note sévère, entendez : met de mauvaises notes, tandis qu'un prof qui met de bonnes notes, voire sur-note, serait un mauvais enseignant. Pourtant l'expérience montre que surnoter un élève lui permet de prendre confiance en lui, il se met à apprendre plus facilement et réussit de mieux en mieux. Il est étrange de mesurer combien notre société va à l'inverse de la raison et de l'expérience. La seule chose qu'apportent les mauvaises notes, c'est du pouvoir au professeur. Et c'est peut-être cela que les parents admirent en réalité : il a du pouvoir ! C'est donc qu'il est bon prof ! D'innombrables études ont été menées sur la notation, il a été prouvé qu'elles varient grandement d'un professeur à l'autre, même dans les matières scientifiques. On peut comprendre que les notes soient fonction de l'humeur du prof, de l'état de son couple et de sa fatigue, des copies corrigées avant, on sait moins qu'elles varieront selon que l'élève est un garçon ou une fille et même selon son prénom. Les chanceux qui ont un prénom fréquent obtiennent en moyenne un point de plus. Ceux dont le prénom a des sonorités proches de celles du nom du professeur sont aussi avantagés ! Les notes mises par un prof semblent une expression de son état affectif, de son statut social et de sa proximité consciente ou inconsciente avec l'élève qu'il note, davantage que d'une évaluation des performances de ce dernier. D'ailleurs, les enseignants ne pensent pas réellement que les notes soient utiles à l'amélioration, sinon, ils accepteraient d'être notés eux aussi. Or, la seule idée est sacrilège ! La terreur des profs ? Donner du pouvoir aux élèves… Preuve s'il en est que les notes ne sont qu'un instrument de pouvoir et en aucun cas un outil d'évaluation et de progression.

Tout le monde gagnerait probablement à réintroduire la joie comme une dimension nécessaire à la mémoire et à l'instruction. La joie d'apprendre et de se dépasser peut aussi exister à l'école. Les pédagogues ont élaboré de nombreux outils d'évaluation qui n'ôtent pas la joie aux élèves. Par exemple l'arbre des connaissances. La fierté est palpable sur le visage de l'enfant qui ajoute sur l'arbre de la classe le brevet qu'il vient d'acquérir ! L'évaluation est plus précise[1], et surtout, elle nourrit l'estime de soi.

---

1. Un 15 en maths ne donne que très peu d'information sur ce que l'enfant sait et ne sait pas. Quand l'enfant obtient son brevet de maîtrise des fractions par exemple, on sait qu'il comprend et maîtrise les fractions.

La joie d'apprendre

La joie est l'émotion de l'apprentissage… Hélas, nous avons intégré l'idée qu'apprendre n'est pas agréable, que mémoriser est difficile, que faire des exercices de maths ou de français est forcément pénible. Le travail à la maison est nommé « devoirs ». La plupart des parents trouvent naturel que les enfants n'aiment pas l'école. Eux ne l'ont pas aimée non plus. « Le travail, c'est dur, et il faut en passer par là », tel est le credo le plus répandu. Mais est-ce bien le travail et apprendre qui est pénible ? Ou se pourrait-il que ce soient les conditions dans lesquelles ils sont proposés ?

À la maison, même topo. Petit, l'enfant a envie de participer à tout ! Il veut porter le linge, plier les serviettes, balayer, vider le lave-vaisselle, séparer les blancs des jaunes pour faire le gâteau, et nombre de parents refusent en argumentant : « Tu vas tout casser /en mettre partout. » Un peu plus tard, on impose aux mêmes enfants les tâches ménagères. Ce qui était naturellement un plaisir est annoncé comme un pensum. Les enfants, du coup, font tout pour tenter d'y échapper. On parle de « tâche » ménagère. Qui a envie de s'acquitter d'une tâche ? Apprendre et travailler, tant que ce sont des activités librement choisies, sont de grandes sources de joie, parce que cela nourrit notre impulsion exploratrice et nous permet de créer, de produire, d'avoir un impact sur notre environnement.

Notre cerveau est une machine à apprendre, tout humain est naturellement curieux. Les enfants posent des milliards de questions… jusqu'à ce qu'ils aillent à l'école et soient contraints d'apprendre. On croit qu'ils sont paresseux, ce n'est pas le cas. Ils sont juste humains et comme tous les humains, ils résistent à la contrainte. Les enfants qui ne vont pas à l'école, et sont libres d'apprendre à leur rythme, se concentrent pendant des heures, voire des jours, sur un sujet. Le film documentaire de Clara Bellar *Être et devenir* nous introduit dans une dimension inconnue de la plupart d'entre nous. Les enfants y resplendissent de joie, ils apprennent avec passion. Ils ne vont pas à l'école. Déjà, une certitude : comme ils sont libres de suivre leurs propres rythmes, ils dorment mieux ! Les écoles, et surtout les collèges et les lycées, ouvrent leurs portes bien trop tôt pour le rythme naturel des enfants et des adolescents. Les enfants non scolarisés s'absorbent avec délices dans l'exploration des pyramides égyptiennes ou du calcul des intégrales pendant des heures, se couchent avec, se lèvent avec… Autonomes dans leurs apprentissages, ils connaissent le *flow* plus souvent que la plupart des enfants qui ne peuvent se consacrer longtemps à la même chose, car dans l'immense majorité des collèges et lycées, on fait une heure de maths, puis une heure d'anglais, puis une heure d'histoire… C'est une habitude, mais ce n'est guère efficace ni motivant. Imaginez que votre patron vous interrompe toutes les cinquante minutes pour vous faire changer de dossier, et ce sans aucune considération pour là où vous en êtes dans ledit dossier. Les chercheurs ont montré que le découpage du temps est un facteur d'ennui et de démotivation, mais les habitudes ont la vie dure !

Pour retrouver la joie d'apprendre, nous avons tout d'abord à retrouver la liberté. Nous avons tous fait l'expérience de lire avec bonheur un livre que nous avions détesté enfant, non parce que nous étions « trop petits pour comprendre », mais parce que nous étions obligés de le lire, et que allions être évalués sur les réponses que nous allions fournir aux questions sur ledit ouvrage. À l'université, en général, les choses s'arrangent… tout au moins dans les dernières années, c'est-à-dire lors de la spécialisation et lorsque chacun choisit ce qu'il a envie d'apprendre. À l'université de Maastricht, en Hollande, les pédagogues ont compris que les jeunes s'impliquent davantage et apprennent mieux quand ils sont libres de choisir ce qu'ils apprennent. Au sein de la faculté University College proposant quelque trois cents thèmes, ils font leur scolarité « à la carte », optant pour deux thèmes par trimestre. La pédagogie, *Problem Based Learning*[1], est aussi très originale et efficace. Au lieu de suivre des cours en écoutant un professeur, les élèves se réunissent en petits groupes, l'enseignant les guide dans la résolution d'un problème qu'il leur pose. Non seulement les étudiants apprennent autant que ceux d'autres universités plus classiques au curriculum imposé, mais ils sont très recherchés par les entreprises et les organismes et administrations dans le monde entier, parce qu'ils savent travailler en autonomie et en groupes, maîtriser un projet, résoudre des problèmes complexes plutôt que de tenter d'appliquer des règles toutes faites.

Au collège alternatif Anne-Franck du Mans, où j'ai accompagné l'équipe réunie autour de Marie-Danièle Pierrelée, pendant une année lors de la création, les cours étaient au

1. En 2014 et 2015.

choix. Chaque élève, en début de semaine, optait pour les cours qu'il désirait parmi une grille proposée par les enseignants. Nous n'avions pas osé laisser le choix pour les maths et le français. Au bout d'un trimestre, il s'est avéré que dans ces deux matières, les élèves ne progressaient pas, et que la classe était très agitée. Une fois maths et Français rendus au choix, les élèves les ont choisis et les classes sont devenues plus studieuses.

La croyance qui dit que les enfants reculent devant la difficulté et seraient cossards est fausse. Ni les enfants ni les adultes ne reculent devant la difficulté. Quelque chose de très difficile peut être vécu comme un défi à relever, et les humains adorent les défis. Ils détestent en revanche les contraintes. Posez un quizz à un groupe de jeunes et laissez-les y travailler une semaine en toute liberté, ils s'y mettront avec enthousiasme. Sauf si vous comptez les évaluer sur cette question… Dès que les adultes ont des attentes, l'objectif de l'enfant devient extrinsèque et ne peut donc plus le motiver.

Pour rendre aux enfants la joie d'apprendre :

- Rendons-leur de la liberté. Oui, c'est un choix d'aller à l'école. Non, ce n'est pas une obligation. En France, seule l'instruction est obligatoire. C'est notre choix de les inscrire à l'école. Si votre famille n'opte pas pour la non-scolarisation, pour redonner de la liberté à un enfant, nous pouvons lui proposer quelques jokers. Un élève de cinquième par exemple pourrait disposer de deux jokers dans l'année. Deux jours d'absence ne mettront pas sa scolarité en péril et il n'aura ainsi pas besoin d'avoir mal au ventre pour avoir le droit de ne pas aller à l'école. Les deux journées peuvent évidemment être fractionnables en quatre demi-journées. Ainsi le matin, quand le préado râle, vous pouvez lui proposer : « Tu veux utiliser ton joker aujourd'hui ? » En général, l'effet est immédiat, il est déjà prêt dans l'entrée. Ce n'est pas une différence de deux jours d'école, c'est lui rendre de la liberté et du contrôle sur sa vie. L'investissement est minime, mais l'effet est majeur.

• Évitons toute évaluation de leurs travaux et remplaçons les jugements, même positifs, par des descriptions. Cela nécessite davantage d'attention de notre part, et c'est d'ailleurs cela qui touche l'enfant !

Pensons à les regarder du bas vers le haut, en les admirant, donc, plutôt que du haut vers le bas en cherchant l'erreur. L'évaluation, c'est le job des enseignants, pas celui des parents. Une bonne note peut donner du plaisir, mais la joie naît de l'exploration, des essais et erreurs, de l'errance de la recherche, de la découverte, de la sensation de maîtrise du sujet. À l'école, un arbre des connaissances ou une autre méthode d'évaluation pourra être testée. Et pourquoi pas un arbre des compétences à la maison ? L'enfant pourrait obtenir un brevet de remplissage du lave-vaisselle, d'étendage du linge, de maîtrise du lave-linge, de gâteau au chocolat, de poulet au curry, de dressage de table… Cela permet à l'enfant de se sentir de plus en plus compétent.

• Permettons-leur de temps à autre de rester concentrés sur une même tâche autant de temps qu'ils en ont besoin. Il est passionné par l'histoire de la Gaule ? Pourquoi ne pas le laisser explorer jusqu'au bout cette passion plutôt que de tenter de l'intéresser au subjonctif? Ça durera trois jours, deux semaines ou trois mois. Puis, naturellement, une fois au bout du sujet, un autre se présentera qui le mobilisera tout autant. Si, si, un jour, il pourra aussi se passionner pour les intégrales ou le subjonctif. Apprendre, c'est grandir en conscience et en maîtrise de soi et de son environnement. Savoir qu'une abeille a trois paires de pattes, qu'un champignon n'est que l'organe de reproduction du mycélium, que l'écriture est née en Mésopotamie, ne change pas notre quotidien, mais ça ouvre notre champ de conscience, ça nous grandit. Et plus notre champ de conscience est large, plus nous nous sentons solides. Même si plus nous augmentons notre conscience, plus nous percevons notre infinie petitesse dans cet immense jeu de la vie. Apprendre donne de la joie, et la joie nous aide à mémoriser.

Être attentif au réservoir de tous !

Avouons-le, nous avons tendance à nous attarder davantage à corriger les erreurs de nos enfants, mais aussi de notre conjoint ou de nos collaborateurs, bien plus que nous n'observons et ne notons leurs qualités et ce qu'ils apportent à nos vies. Il est certain que les difficultés du quotidien requièrent notre attention, mais, sans carburant, on a bien du mal à les surmonter. Or la joie et l'amour sont nos principaux carburants. Ce sont les deux émotions qui remplissent notre réservoir d'énergie adaptative.

L'éducation à la joie, c'est beaucoup de rires et de moments de partage et un maximum de liberté de mouvement, d'apprentissage, d'essai et de permission de faire des erreurs, de jeu, de liberté de choix, de décision, de responsabilité et d'accomplissement. Veillons à nourrir les deux axes de la sécurité affective (homéo) et du pouvoir personnel (dynamique). Gardons en tête le plan et l'axe : Connexion, libre arbitre et attention à l'instant présent.

Vivre de la joie dans le rapport avec nos enfants est probablement la plus signifiante des choses à « faire ».

Exercice

Qu'est-ce qui est le plus important dans ma vie ?

Est-ce que mon agenda reflète cela ?

Je consacre du temps de rires, de jeux et de joie aux gens que j'aime.

Je considère chaque instant comme unique. Je m'émerveille.

Et je partage mon émerveillement avec les enfants.

Conclusion

Nous rêvons tous (ou presque) d'un monde meilleur, d'un monde sans guerre, d'une planète où il ferait bon vivre, où tous se donneraient la main tout autour de la terre. Un monde de paix, d'unité et de fraternité. Pour soutenir cet idéal lors de la construction de l'Europe, le Conseil de l'Europe a cherché un hymne rassembleur, un chant qui unisse les âmes et les cœurs, qui soulève ce qu'il y a de meilleur en l'humain : l'*Ode à la joie*[1]. C'est l'une des musiques les plus connues dans le monde. Peut-être parce qu'elle nous réunit tous autour du même idéal profondément humain : la joie.

Aimer et grandir

La joie nous indique le sens de notre vie, nous l'éprouvons quand notre existence a une signification (homéo) et s'inscrit sur un chemin qui a une direction (dynamique). Quand nous mettons l'accent sur un axe, l'autre peut être négligé un

1. À la fin du quatrième mouvement de sa *Neuvième Symphonie*, Beethoven a placé le texte de l'écrivain allemand Frederich von Schiller (1759-1805). La version officielle de l'hymne européen a été réalisée par le chef d'orchestre Herbert von Karajan, sans parole, pour laisser parler le langage universel de la musique.

temps, pas trop longtemps. L'important c'est l'équilibre, ou plus exactement un déséquilibre dynamique, un peu comme nous avons besoin de nos deux jambes, mais il est nécessaire qu'une jambe se lève et place le corps en déséquilibre pour avancer. S'il nous arrive de sauter à pieds joints, on avance plus sûrement un pied après l'autre. Les deux dimensions sont donc tout aussi importantes l'une que l'autre, mais nous pouvons les cultiver chacune à son tour.

J'ai beaucoup retrouvé ma pensée dans le livre d'Adam Kahane[1] *Power and Love*. Ce spécialiste du changement social explique combien l'humain a besoin non seulement de se connecter, mais de grandir ! Il s'appuie sur le penseur Paul Tillich qui définit le pouvoir comme « l'aspiration de chaque être vivant à se réaliser, avec une intensité toujours croissante et extensive ». Le pouvoir dans ce sens est l'impulsion à accomplir ses objectifs, à faire son travail, à croître. Par ailleurs, Tillich définit l'amour comme « l'impulsion à l'unité de ce qui est séparé », l'amour est donc en ce sens l'aspiration à reconnecter et faire un tout de ce qui apparaît comme fragmenté.

En d'autres mots, les deux mamelles de la joie sont : aimer/aspirer à l'unité, et exercer son pouvoir/aspirer à la réalisation de soi. La joie est au carrefour de ces sentiments : sentir que nous avons quelque chose en commun, que nous sommes semblables, nous synchroniser, et nous différencier, sortir du lot, avancer, créer. La joie est l'émotion qui nous dit que

1. Kahane, Adam, *Power and Love : A Theory and Practice of Social Change*.

nous sommes à notre place. À notre place dans la communauté humaine, à notre place sur notre chemin de vie. Mesurons combien l'empathie, l'aide à autrui, s'engager pour une cause sont engrammés dans l'ADN de tous les humains.

« Dans la société occidentale, personne ne te voit, disent les prédicateurs/recruteurs aux apprentis djihadistes, tu te sens inutile et différent. Rejoins-nous, nous t'aimons et t'accueillons. Tu vas enfin être utile. » Ils répondent ainsi à une aspiration humaine universelle. Nous avons tous besoin d'être « signifiants », de contribuer, d'apporter notre pierre, de faire notre part, fût-elle celle d'un colibri. Le peuple classé comme le plus heureux du monde est danois. Un de leurs secrets serait leur forte participation à de multiples activités sociales. Sur cinq millions six cent mille habitants, deux millions sont bénévoles dans une organisation ou une association. Si nous avions en France la même proportion de bénévoles, cela signifierait vingt-trois millions de bénévoles ! De plus, il semble que s'adonner à des activités sociales dope les performances des sportifs, alors pourquoi ne pas tenter de doper les nôtres dans ce sport qu'est la vie quotidienne ?

Si chaque adolescent, chaque adulte peut sentir qu'il fait une différence, qu'il a du pouvoir sur le monde pour le rendre meilleur, alors… au siècle prochain, quand nous nous retournerons vers le peuple que nous étions en 2015, nous pourrons éprouver un immense sentiment de joie et de gratitude.

Exercice

Je suis en train de travailler. Je m'arrête un instant pour prendre conscience de la douce caresse de l'air sur ma peau, je respire, j'entends les grillons et une tourterelle. Je respire l'odeur du pin. Je pose mes yeux sur les arbres, la prairie, le laurier en fleur… sans penser, sans me faire de commentaire. Je sens ce qui se passe dans mon corps. Je vérifie l'absence de tension, je respire. Je me sens respirer. Je peux penser à ma fille en train de dormir, à mon mari en train de travailler, aux gens que j'aime.

Je m'étire, j'étire ma colonne vertébrale, comme si à la fois j'enfonçais mes ischions dans la chaise et tendais le sommet de ma tête vers le ciel. J'expire. Je respire et je me sens respirer. Je porte attention aux sensations dans mon corps, mon cœur bat, ici ou là, une vibration, une tension.

Je perçois ma posture, le contour de mon corps qui définit l'espace que j'occupe, là tout de suite. Je suis là, je suis à ma place, je SUIS, je me sens être, je me sens exister.

Je fais quelques mouvements de contraction / détente de mon périnée. Je perçois que j'avais une jambe coincée sous le bureau. Je relâche la tension en bougeant la jambe.

Qu'est-ce que je sens ? Je ne laisse pas mes pensées m'envahir en tentant d'évaluer ou de juger la situation. Des pensées affluent ? Je dis « Merci »… À moi, à mes cellules, à l'univers… Adresser ainsi mes remerciements donne une occupation à mon cerveau verbal sans qu'il éprouve du coup le besoin de partir dans l'analyse.

Quand je vais poser ce livre, je vais prendre quelques minutes pour plonger en moi. J'écoute ma respiration. Je sens que j'inspire, je sens que j'expire. Je prends conscience des milliards de cellules qui constituent mon corps. Je remercie chacune de ces cellules pour son travail et pour œuvrer de manière si efficace et coordonnée pour me permettre d'agir et d'aimer. Je vois ensuite les bactéries qui dans mes intestins travaillent sans relâche. J'augmente la puissance de mon microscope intérieur pour accéder au niveau moléculaire, puis atomique… Onde, particule… Toute cette fabuleuse organisation dans tout l'univers, du microscopique au macroscopique, qui me permet d'aimer et d'agir. Au fur et à mesure de mon exploration, je sens monter en moi une immense gratitude envers LA VIE !

Merci !

Bibliographie

AMEN, M.D., Daniel, G, *The Brain in Love, 12 Lessons to Enhance your Love Life,* Harmony.

BAKER, Robin, *Sperm Wars, les secrets de nos comportements amoureux*, JC Lattès.

BEN-SHAHAR, Tal, *L'Apprentissage du bonheur*, Pocket.

BLUM, Deborah, *Love at Goon Park : Harry Harlow and the Science of Affection*, Basic Books.

BOWMAN, Katy, *Move your DNA : Restore our Health through Natural Movement*, Propriometrics Press.

CABOT, Meg, *Le jour où j'ai voulu devenir populaire*, Hachette.

CAMPBELL-MCBRIDE, Natasha, *Le Syndrome entéropsychologique*, éd. Medinform.

CORNEAU, Guy, *Le Meilleur de soi, le rencontrer, le nourrir, l'exprimer*, Robert Laffont et J'ai lu.

COSSERON, Corinne, *Remettre du rire dans sa vie*, Robert Laffont.

COUSINS, Norman, *La volonté de guérir*, Points Actuels, Le Seuil.

COUSINS, Norman, *Comment je me suis soigné par le rire*, Payot.

CSIKDAVIS, MD, William, *Wheat Belly : Lose the Weight and Find your Path Back to Health*, Rodale.

D'ANSEMBOURG, Thomas, *Être heureux, ce n'est pas nécessairement confortable*, Éditions de l'Homme.

DAMASIO, Antonio R., *Spinoza avait raison : joie et tristesse, le cerveau des émotions*, Odile Jacob.

ENDERS, Giulia, *Le Charme discret de l'intestin : tout sur un organe mal aimé*, Actes Sud.

De GASQUET, Bernadette, *Abdominaux, arrêtez le massacre*, Marabout.

De GASQUET, Bernadette, *Périnée, arrêtons le massacre*, Marabout.

GEVER, Tulley, *Beware Dangerism*, Kindle single, TED books.

JIANG, Jia, *Rejection Proof, How I Beat Fear and Became Invincible*, Harmony.

KAHANE, Adam, *Power and Love : a Theory and Practice of Social Change*, Berrett-Koehler Publishers.

KATARIA, Madan, *Rire sans raison*.

KOHN, Alfie, *The Myth of the Spoiled Child : Challenging the Conventional Wisdom about Children and Parenting*, Da Capo Lifelong Books.

KOTSOU, Ilios, *Éloge de la lucidité*, Robert Laffont, Poche Marabout.

LAMBIN, Éric, *Une écologie du bonheur*, éd. du Pommier.

LEDOUX, Joseph, *Synaptic Self, How Our Brains Become Who We Are*, Penguin.

LYUBOMIRSKY, Sonja, *Qu'est-ce qui nous rend vraiment heureux*, Les Arènes.

MAY, Rollo, *Le Courage de créer. Reconnaître ses talents, s'engager et se remettre au monde*, Marcel Broquet.

MAY, Rollo, *Love and Will*, Laurel.

MISCHEL, Walter, *Le Test du marshmallow, Quels sont les ressorts de la volonté*, JC Lattès.

MOWAT, Andrew, CORRIGAN, John, DOUG, Long, *The Success Zone*, Global Publishing.

PAUC, Robin, *Is That My Child? The Brain Food Plan : Help Your Child Reach Their Potential and Overcome Learning Difficulties*, Virgin Digital.

PERLMUTTER, David, *L'intestin au secours du cerveau,* Poche Marabout.

PERLMUTTER, David, *Ces glucides qui menacent votre cerveau*, Poche Marabout.

PERT, Candace, *Molecules of Emotions : Why You Feel the Way You Feel*, Simon & Schuster.

ROJZMAN, Charles, ROTHENBUHLER, Igor, *La Thérapie sociale*, éd. Chronique sociale.

SERVAN-SCHREIBER, Dr David, *Anticancer, Les Gestes quotidiens pour la santé du corps et de l'esprit*, Robert Laffont.

SMITH, Greg, *Pourquoi j'ai quitté Goldman Sachs*, JC Lattès.

STITT, Barbara Read, *Food and Behavior, a Natural Connection*, Natural Press.

TALEB, Nassim Nicholas, *Antifragile : Things that Gain from Disorder*, Random House.

TOUGH, Paul, *Comment les enfants réussissent,* Marabout.

TRUNGPA, Chogyam, *Work, Sex, Money : Real Life on the Path of Mindfulness*, Shambhala.

VERDIANI, Antonella, *Ces écoles qui rendent nos enfants heureux. Pédagogies et méthodes pour éduquer à la joie,* Actes Sud.

VERDIER, Tom, *Lucie dans le ciel*, Albin Michel.

VERNIKOS, Joan, *Sitting Kills, Moving Heals*, Quill Driver Books.

WENK, Gary, *Your Brain on Food : How Chemicals Control your Thoughts and Feelings*, Oxford University press.

Articles et études :

http://www.psychomedia.qc.ca/psychologie-des-chiens/2015-04-19/regards-humains-ocytocine

Films :

Le Revenu de base – Une impulsion culturelle. http://revenu-debase.info/comprendre-le-revenu-de-base/film/

État de violence, comme une vague, Gabriel Gonnet, La Cathode.

Le Bonheur dans les neurones, à la découverte du neurofeedback dynamique, Michel Meignant.

http://www.le-bonheur-est-dans-les-neurones.com

Vice Versa, Pixar.

Pour être tenus au courant de l'actualité d'Isabelle Filliozat, écouter une conférence, découvrir ses autres ouvrages ou les vidéos qu'elle propose sur YouTube, vous pouvez vous enregistrer sur son site :

https://www.filliozat.net

Retrouvez-la sur sa chaîne YouTube :

https://www.youtube.com/c/IsabelleFilliozatOfficiel

Du même auteur

Chez JC Lattès :

L'Intelligence du cœur. Rudiments de grammaire émotionnelle, 1997 ; Poche Marabout, 1998.

Au cœur des émotions de l'enfant. Comprendre son langage, ses rires, ses pleurs, 1999 ; Poche Marabout, 2001.

Que se passe-t-il en moi ? Mieux vivre ses émotions au quotidien, 2001 ; Poche Marabout, 2002.

L'Année du bonheur. 365 exercices de vie jour après jour, 2001.

Je t'en veux, je t'aime. Ou comment réparer la relation à ses parents, 2004 ; Poche Marabout, 2005.

Fais-toi confiance. Ou comment être à l'aise en toutes circonstances, 2005 ; Poche Marabout, 2007.

Il n'y a pas de parent parfait, 2008 ; Poche Marabout, 2009

Les Autres et moi. Comment développer son intelligence sociale, 2009 ; Poche Marabout, 2010.

J'ai tout essayé! Opposition, pleurs et crises de rage: traverser sans dommage la période de 1 à 5 ans, 2011; Poche Marabout, 2013.

Bien dans sa cuisine. Quand la préparation d'un repas devient une aventure intérieure, 2012; Poche Marabout, sous le titre *Un zeste de conscience dans la cusine*, 2005.

Il me cherche! Comprendre ce qui se passe dans son cerveau entre 6 et 11 ans, 2016.

Aux éditions La Méridienne:

Le Corps messager, avec Hélène Roubeix, 1988, édition augmentée et rééd-tée en coéd. avec Desclée de Brouwer, 2003, réédition sept 2016.

Aux éditions Belfond:

Trouver son propre chemin, 1991, Presse Pocket, 1992.

Aux éditions Dervy:

L'Alchimie du bonheur, 1992, 1998, réédité sous le titre Utiliser le stress pour réussir sa vie en 2006.

Le Défi des mères, avec Anne-Marie Filliozat, 1994, réédité sous le titre

Maman, je ne veux pas que tu travailles en 2009.

Chez Marabout:

Cahier de travaux pratiques pour apprendre à gérer ses émotions, 2010.

Aux éditions Jouvence :

Petit cahier d'exercices pour se relever d'un échec, 2015.

PAPIER À BASE DE FIBRES CERTIFIÉES

MARABOUT
s'engage pour l'environnement
en réduisant l'empreinte carbon
de ses livres.
Celle de cet exemplaire est de :
300 g éq. CO_2
Rendez-vous sur
www.marabout-durable.fr

Imprimé en Espagne par Liberdúplex
pour le compte des Éditions Marabout (Hachette Livre)
58, rue Jean-Bleuzen, 92178 Vanves Cedex
Achevé d'imprimer en février 2019

ISBN : 978-2-501-13933-5
1106284 / 01
dépôt légal : mars 2019